AS/A-Level

French

Books are to be returned

Joe Jannetta

Philip Allan Updates
Market Place
Deddington
Oxfordshire
OX15 0SE

tel: 01869 338652
fax: 01869 337590
e-mail: sales@philipallan.co.uk
www.philipallan.co.uk

ISBN 0 86003 770 3

Cover illustration by John Spencer

Printed by Raithby, Lawrence & Co Ltd, Leicester

Contents

■ ■ ■

AS

■ ■ ■

A2

Introduction

About this guide

In the main body of this book you will find:
- a range of questions/tasks covering those set by the main awarding bodies
- answers to these questions/tasks
- where appropriate and useful, examiner's comments on the answers to these questions/tasks, highlighting the problems and difficulties
- where appropriate, reference to the assessment criteria of the main examining bodies
- where appropriate, the topics covered by each text used

Note that although the tasks in this guide are representative of those set for the various papers by the main awarding bodies, the author has, wherever possible, ensured that they will be of value to all students. However, there is clear indication throughout the book as to which examining bodies set a given kind of task or test.

How to use this guide

The most obvious way of using this guide is to practise the tests at AS and/or A2. However, this book contains much more than tests and answers to those tests. The following list shows ways in which you can use the resources in this book.

The texts

Almost all the topics set by the three main examining bodies are covered here, in the texts used for reading, the listening tests, and in the specimen speaking tests and the topics essays in the A2 section of this book. These texts should be seen as reading material in their own right, as sources of information on the topics and as a source of vocabulary related to the topics and of a general nature.

The listening texts

The listening texts often take the form of dialogues. To obtain the full value of using them as tests you should have them recorded. The first time you do a listening test you should avoid looking at the transcript. On a repeat listening you could refer to the text if you need to — perhaps you could not make out a number or a group of words. This can be very useful. On a third or fourth listening you could dispense with the transcript.

The speaking tasks

It is always interesting and instructive to eavesdrop on an oral test. You have quite a few opportunities to do this in this book, where you will find all the main types of tests. You have a rare insight into the techniques that oral examiners use; these are explained further in the examiner's comments. As the tests cover a fair number of topics, you could use them to help prepare for your oral test in which you will be dealing with one of these topics or a related one. Many of the phrases and sentences and much of the vocabulary in the tests here can be used or adapted for use in your own oral tests.

The specimen answers to writing tasks

These cover a wide range of topics. As with the specimen oral tests, you will be able to use them to help you prepare your topic essays; you could use the language as a model for you own writing. You will find that the answers have been designed to show you the various kinds of appropriate language required for a given task.

Guidance on exploiting language skills

Listening

In all the exams of the main awarding bodies, candidates have control of the cassette in the listening tests. This is seen as a great advantage over the previous procedure, where the candidate could only listen however many times each item was played on the cassette. Now all candidates can listen as many times as they wish, within the time allowed. Within the same paper you will probably have to complete tasks, such as reading and writing tasks, that are independent of the cassette material. In this case you will have to apportion the time allocated to allow for this. Do not spend too much time on listening.

With regard to the listening material:
- Listen to the whole of the cassette and note carefully which tasks are set for each item.
- Establish an order of difficulty.
- Tackle each item in this order, beginning with the 'easiest'.
- By using your tape counter, concentrate only on the parts of each item for which you have no answer.
- Keep an eye on the time and leave yourself enough time to listen again to the items you found easiest and those parts for which you have still not given an answer.
- Make sure you have carried out all the instructions correctly. For example, if you are instructed to answer in English, make sure you have done so. You are unlikely to gain the marks available if you answer in French.
- Do not leave any answer spaces blank. You will not lose marks by giving a wrong answer and there is a chance you will give the right one.

If you have any time to spare at the end of the whole paper, you might want to replay those parts of the taped material where you were not sure of your answers. For this you need to have noted the positions of individual sections using the tape counter.

Reading

The first thing you should do when you come to any question is to read the instructions carefully. As you will see from the examples of specimen questions in this guide, you often know from the instructions what the general subject of the text is going to be. This can give you a clear advantage when you read the text for the first time, especially when you do not know all the key vocabulary.

Next you should read the whole text so that you have a good idea of its contents. You can then look at the tasks you have to carry out based on the text. If at this stage you are pretty sure that you know some of the answers, write them in pencil next to the questions. Then you should read through the text again to find the sections relevant to the questions you have not yet answered. Highlight these sections, not forgetting to insert the number or letter of the question. You should find a fair number of the answers and should be able to confirm that your first answers were correct. Read through the text a third time, concentrating on the highlighted sections. Now write in your final answers, making sure that you go over in ink those answers you had pencilled in. As with other tests, do not leave any answer spaces blank. This may seem a lengthy process but it will concentrate your mind on the text, and constant practice of a method such as this will help you to overcome any panic you feel when, at first sight, the text appears to be incomprehensible.

The main French instructions used in exams

en chiffres	in figures, numbers
sans traduire le passage mot à mot	without translating the passage word for word
expression (f)	phrase
phrase (f)	sentence
la bonne lettre	the correct letter
selon le sens du passage	according to the meaning of the passage
résumé (m)	summary
il y a plus de mots que de blancs	there are more words than blanks
qui correspond(ent) (à)	that is/are the equivalent (of)
en utilisant le plus possible vos propres mots	using your own words as far as possible
décidez de quelle personne il s'agit	decide which person it refers to
ci-dessous	below
ci-dessus	above
d'après ce que vous avez lu	according to what you have read
il s'agit de	it is a question of/it is about
cochez	tick
il y a 5 points supplémentaires	there are 5 extra marks
le dessin qui convient le mieux	the most suitable drawing

utilisez des phrases complètes	use complete sentence
choisissez dans la liste les mots qui conviennent	choose from the list the suitable words
il y a dix réponses valables	there are ten correct answers
à titre d'exemple	as an example
complétez le résumé qui suit	complete the following summary

Guidance on approaching productive writing tasks

In most of the papers the productive writing tasks in French are normally based on a written or spoken stimulus. In the sections of this guide concerned with writing there is a full range of such tasks with specimen answers and commentaries. The last section of the book provides guidance on writing answers to essay-type questions to be found at A2 in the papers concerned with literary topics and texts, and with non-literary topics.

Here is some general guidance:

(1) Always read the instructions carefully before you begin to write. They will tell you what you have to do in the way of tasks, indicate how many words you are expected to write, and often provide you with detailed guidance. As an example, here is the general instruction for the AS task on page 33:

Vous écrivez une lettre en français de 140 à 160 mots à votre correspondant(e) où vous décrivez ce qui s'est passé.

This is followed by a series of more precise instructions, which you can use as guidelines.

(2) Read the stimulus carefully, as you will be using it for information and some of the vocabulary.

(3) Write one sentence for each of the guidelines. This way you will know that all the points have been covered.

(4) Expand each of these sentences into a short paragraph, making sure that you have written enough words in total. Don't exceed the maximum number of words specified, or you will run the risk of not being concise and of making more mistakes than you need to. This will be your first draft. Make sure it is as accurate as possible.

(5) Check the first draft carefully, paying particular attention to verbs and tenses. Make sure that each sentence has a finite verb. For example, 'Il marchait vers la gare' is a complete sentence because the verb used, 'marchait', is finite. 'Marchant vers la gare...' is not a complete sentence because 'marchant' is a participle, i.e. a non-finite part of the verb 'marcher'. The sentence could be completed with the addition of a finite verb, e.g. 'Marchant vers la gare, il a vu Pierre.'

(6) Write out the second draft, which should be your fair copy.

You should establish a method for all your written work well before the exam so that it can be tried and tested outside the examination room. This will allow you to approach written tasks in the exam with confidence.

Guidance on approaching the speaking tests

You will have prepared some of the tasks, for example the presentation, before the exam. For other tasks like the role-play, you are given a limited amount of time to prepare, under examination conditions. Whatever tasks you are going to perform in the examination room, you should do what you can to put yourself in the right frame of mind so that you give of your best.

Before the exam

- Carry out your revision and preparation conscientiously.
- Practise the speaking tests as many times as you think necessary with your teacher, language assistant or a friend.
- Note down the questions you might be asked and prepare answers to them, which you should try out with your teacher, language assistant or a friend.

During the exam

- Use your preparation time efficiently.
- Be absolutely certain about what your task involves.
- Read the instructions carefully, even if you think you know what you have to do.
- Do not get taken up too much with the details of the stimulus. Try to pick out the essentials early on so that you can concentrate on these.

In the exam room

- Your speech should be clear and controlled. There is no merit in speaking fast. Fluency and speed are not necessarily the same thing.
- Listen carefully to what the examiner says — try not to anticipate what he or she will say.
- If you do not understand a question, ask the examiner to repeat it.
- Think before you commit yourself. Avoid starting a sentence which, for want of knowledge of fact and/or knowledge of the language, you cannot complete successfully.
- Work within your linguistic capability. However, during practice sessions you should get used to going beyond your limits. In this way you will enrich your linguistic repertoire and can test out new things to see if they work before you come to the exam itself.
- Try to take the initiative where appropriate. It is not appropriate to interrupt the examiner.
- Beware of going off on a tangent. You will soon know if you have done this, as most examiners will steer you back onto the subject.
- Finally, remember that oral examiners see their main job as enabling the candidate to perform to the best of his or her ability. One of the main ways in which they

achieve this is to create the right atmosphere, in which the candidate is as relaxed as possible.

The differences between GCSE and AS

The main difference between these two levels is that in the AS exam the candidate has to perform more demanding tasks. They are more demanding in the following ways:

- The vocabulary and grammatical structures that the candidate is expected to know and recognise are more extensive. At GCSE the vocabulary that can be used in the texts is limited. In AS the topic areas are limited but the vocabulary within them is not.
- At AS the texts, both spoken and written, are generally more complex.
- Sometimes the candidate will have to deal with longer spoken and written texts than at GCSE.
- The writing tasks, though they can be of a similar nature to those of Higher Tier GCSE, e.g. writing a letter, are designed to encourage the candidate to use a more sophisticated level of language.
- Similarly, in the speaking tasks at AS the candidate will recognise some material from GCSE, e.g. discussion and role-playing. However, at AS both are much more challenging and the candidate is expected to sustain whatever task is set over a longer period of time.
- In many of the tasks the candidate will be called upon to use initiative and imagination; the mark schemes allocate some marks for these qualities.
- In many of the tasks a good knowledge of France, its institutions and its culture will be of real advantage to the candidate. This is highlighted in the commentaries in this guide where appropriate.

The problem of transition from GCSE to AS

The transition from one level of attainment to a higher one will seem daunting to many embarking on an AS course. However, the 9 months or so of preparation, with a greater allocation of class time, will be adequate to effect that transition and to ensure you can achieve a good grade at AS. You can judge your progress for yourself. Try one of the writing tasks in the sections on reading and writing. Complete it at three different stages during your course, starting about 2 weeks after the beginning of your course. On pages 33–34 of this guide you will find a simpler version of a writing task after a specimen answer appropriate to AS. This will provide you with another indication of the difference in performance required at the two levels. You could try this out with other kinds of task as well.

The differences between AS and A2

AS and A2 together constitute GCE A-level. If you meet at least the grade E requirements in both parts you will be awarded a GCE A-level. The papers at A2 reflect the progress you will have made throughout the complete A-level course. This will include:

- a further development of your linguistic skills

- an increase in your vocabulary
- a deeper knowledge of grammar
- a further acquaintance with the topics you studied at AS and acquaintance with the topics prescribed for A2
- a deeper study of aspects of the culture and life of France and/or another francophone country

The tasks and tests will reflect the above in the following ways:
- Both spoken and written material (for listening and reading tests) will generally be longer and use more complex language than at AS.
- There may be translation from and into French.
- The material used for testing will cover a wider range of topics than at AS.
- Candidates will be expected to use some additional grammatical structures, e.g. all of the tenses of the passive, the future perfect and the conditional perfect tenses.
- In the topics paper, candidates will have to write longer pieces of French.

The 'Topics and texts' paper

Of course you will have to have a thorough knowledge of the topic and/or text you have studied. You will have answered questions taken from past papers during your studies. From your corrected answers you will have a good idea of your strengths and weaknesses as regards your knowledge and understanding of the subject, your essay technique and your language. In the section on the 'Topics and texts' paper on page 118 some guidance is provided in the form of the candidate's answers to questions and the examiner's comments on these answers.

Useful words and phrases for literary texts and topics

acte (m)	act (of a play)
action (f)	act (of an individual)
analyser	to analyse
auteur (m)	author
but (m)	aim
caractère (m)	character, i.e. personality
chapitre (m)	chapter
chef d'oeuvre (m)	masterpiece
citation (f)	quotation
citer	to quote
clair(e) (adj.)	clear
comparer	to compare
conscient(e) (adj.)	aware

contexte (m)	context
critiquer	to criticise
décrire	to describe
dénouement (m)	outcome
dépeindre	to depict
description (f)	description
détail (m)	detail
dialogue (m)	dialogue
écrivain (m)	writer
émotion (f)	emotion, feeling
émouvant(e) (adj.)	moving, touching
épisode (m)	episode
expression (f)	phrase
exprimer	to express
héroïne (f)	heroine
héros (m)	hero
histoire (f)	story
il s'agit de	it concerns, it is about
intrigue (f)	plot
langage (m)	the kind of language used (langage courant/argotique etc.)
lien (m)	link, connection
milieu (m)	setting
mobile (m)	motive
monologue (m)	monologue
narrateur (m)/narratrice (f)	narrator
noter	to note
objectif (m)/objective (f) (adj.)	objective
objectivité (f)	objectivity
paragraphe (m)	paragraph
passage (m)	passage
peindre	to paint, depict
personnage (m)	character, i.e. individual
phrase (f)	sentence
raconter	to relate, tell (a story)

réagir	to react, respond
représenter	to present, describe
résumé (m)	summary
roman (m)	novel
romancier (m)/romancière (f)	novelist
scène (f)	scene
sens (m)	sense, meaning
sensible (adj.)	sensitive
s'identifier avec/à	to identify with
signifier	to mean
style (m)	style
subjectif (m)/subjective (f) (adj.)	subjective
subjectivité (f)	subjectivity
sujet (m)	subject (e.g. le sujet d'un roman)
texte (m)	text
thème (m)	theme, subject
titre (m)	title

Writing and speaking about characters

Bien qu'on sympathise avec le personnage principal, on est conscient de ses mauvaises qualités.

Although you sympathise with the main character, you are aware of his/her bad qualities.

Le lecteur/la lectrice a tendance à s'identifier à ce personnage.

The reader tends to identify with this character.

Les souffrances de ce personnage sont accentuées par le contraste entre sa situation et celle(s) de ses deux filles.

The suffering of this character is emphasised by the contrast between his/her situation and that of his/her two daughters.

Les personnages féminins sont moins bien décrits que les personnages masculins.

The female characters are not described as well as the male ones.

Dans cette pièce les actions du personnage principal affectent la vie de tous les membres de sa famille.

In this play, the actions of the main character affect the lives of all the members of his/her family.

Writing and speaking about themes

Dans ce roman la famille joue un rôle important/dominant/primordial.

In this novel the family plays an important/dominant/essential role/part.

L'auteur traite de plusieurs thèmes mais celui qui domine est l'isolement de l'individu dans la société/la lutte des classes/la tyrannie des parents/ le conflit des générations.

The author deals with several themes, but the one which predominates is the isolation of the individual in society/ the class struggle/parents' authoritarianism/the conflict between the generations.

Bien que ces trois livres parlent de la guerre, la manière dont elle est traitée diffère énormément.

Although these three books deal with the war, the way in which it is treated differs considerably.

Writing and speaking about structure

On voit tout à travers les pensées du narrateur/de la narratrice.

We see everything through the thoughts of the narrator.

L'auteur emploie souvent la technique du retour en arrière, ce qui l'aide à raconter au lecteur d'une manière naturelle les événements passés.

The author often uses the flashback technique, which helps him/her to relate past events in a natural way.

Dans cet épisode est révélé le côté tragique du personnage.

In this episode the tragic side of the character is shown.

Dès le début de la pièce il crée le mystère et le spectateur ou le lecteur est impatient d'en connaître le dénouement.

From the beginning of the play he creates a sense of mystery and the spectator or the reader is impatient to know the outcome.

Dans une pièce où domine le comique la dernière scène est par contraste très émouvante.

In a play in which comedy pre-dominates, the last scene is, by contrast, very moving.

Un des thèmes les plus importants de l'oeuvre de cet auteur est le rôle que joue le hasard dans la vie des gens.

One of the most important themes in this author's work is the role that chance plays in people's lives.

Setting the scene

Les événements de ce roman ont lieu dans une région isolée de la France.	The events of this novel take place in a remote area of France.
Dès la première page on est plongé dans l'intrigue.	From the very first page we are immersed in the plot.
Cette histoire se déroule dans un grand port d'Algérie.	This story takes place/unfolds in a large Algerian port.
Cet épisode se situe vers le milieu du roman juste au moment où le héros retrouve la femme qu'il aime et qu'il a crue morte.	This episode occurs in the middle of the novel at the very moment when the hero finds the woman he loves and thought was dead.
La description du village banal au début du roman contraste avec celle du château mystérieux.	The description of the ordinary village at the beginning of the novel contrasts with the description of the mysterious château.

Learning techniques

Guidance on maximising your performance in the four skills (reading, writing, listening and speaking) has been given above. This section gives suggestions on the techniques you can use to learn and revise effectively.

To make a successful transition from GCSE to AS and then to A2, one of your main tasks is to build up your vocabulary and to ensure you have a firm grasp of the grammar, especially of the verbs and tenses. Your knowledge of vocabulary and grammar, however encyclopaedic it might be, must be accompanied by constant practice in order to ensure that you can do the tasks required of you in the exam well.

Effective language study consists mainly of learning the language you have practised. You can do this by:
- reading a wide range of texts
- listening to a wide range of spoken language
- speaking on a wide range of topics
- writing about a wide range of topics

There are various learning techniques you can employ to ensure that you retain new facts and words. Below is a list of these, some of which you probably know and have tried, and some that will perhaps be new to you.
- Keep a vocabulary book in which you note down new words and phrases that you come across. Try to restrict the entries to the items that you have used or think will be useful. Do not note down words you already know.

- Adopt a system for your vocabulary book. A good one is to note entries under the general topics set for AS and then for A2 (you will find a list of these topics at the end of this section). Make sure you provide space for grammar and structures. You may prefer to keep a separate book for these.

- Make sure that you note down the genders of nouns. To help you remember the gender of a noun that you tend to get wrong, write next to it a short phrase in which the gender is clear, e.g. 'le problème: les problèmes sociaux'. In many revision guides and grammar summaries you will find sets of rules for recognising from their spelling which words are feminine and which are masculine.

- Right from the beginning of the course set yourself regular vocabulary and grammar tests, including verb tests. Start with short tests and build up to longer ones. The idea of grammar tests may seem unusual, but so often language students delude themselves into thinking they know a particular point of grammar which they use regularly but not necessarily in all its forms, e.g. the negatives.

- Learn short passages of French by heart. Consider carefully what to learn. It is not advisable to learn large chunks of French for the sake of learning. You should be able to integrate the passages you learn into a writing or speaking task. Make sure you know what they mean.

- Read as much as you can. This could include a whole range of reading matter, from magazines and newspapers to novels. Read what interests you and what you find pleasurable. That way you will learn language without much conscious effort and are more likely to remember words in their context. Exploit the resources of the internet, where you will find reading matter of every kind, including complete short stories.

- Listen to as much spoken French as you can. You will find French broadcasts easy to pick up on the radio; you will also find an immense choice of broadcasts on the internet. Do not neglect to listen to radio from the francophone countries, especially from the province of Quebec. On many francophone internet sites you also have access to the transcripts of the broadcasts. This is an invaluable aid to developing listening comprehension.

- Practise spoken French whenever you can. You should seize any opportunity you have to visit French-speaking countries, where you should not be deterred from practising your French, even if it seems to you that everyone speaks better English than you speak French. If you do not have the opportunity to travel to a francophone country you can create your own opportunities. You could, for example, send audio letters to your friends in French-speaking countries. Practise French with your classmates. Try to overcome any inhibitions you might have.

- Write in French as much as you can. Communicating by e-mail is cheap and immediate. Try to make your messages grammatical even though they are brief. This is in itself a real linguistic exercise. Even if you do not normally keep a diary, start to keep one in French.

Revision techniques

If you have used conscientiously most of the above techniques, you should be well prepared for the exam when it comes. Revision should then act as a means of assuring yourself that you are able to call instantly upon your knowledge and skills to perform the tasks set in the exam. If you cannot retrieve your knowledge with ease, and have not honed your skills in the ways indicated above, then revision becomes a substitute for learning to some extent. Whatever category you fall into, you should find some or all of the following revision techniques of use.

- Find out as early as possible in the course what all the papers of your exam consist of and when (if that information is available) you have to sit them. This way you can plan from an early stage what time you will devote to French as opposed to the other subjects you are taking.
- Make out a revision timetable, which should begin at a time suitable to you and in accordance with the dates of the different parts of the exam. For example, if your speaking exam comes before the others you will want to allow enough time to revise for it.
- Assess your strengths and weaknesses; do not spend valuable time revising things you know well. If you have done your vocabulary learning conscientiously during the course and recorded the vocabulary you have mastered, you should find it easy to select what you need to revise and what you already know. This also applies to verb and grammar learning.
- Practise your linguistic skills, especially listening and speaking, right up to the time you take the tests.
- You will have worked through some of the past papers, probably during a mock exam. Look over these and your corrected answers. This will show what you need to look out for when you come to do the actual exam. Try to obtain other past papers and work through them.
- Set aside a regular revision time. If you can revise at a set time and it becomes part of your daily routine you will be more likely to keep it up. The time of day when you revise will be a matter of personal choice, but it should be when you have peace and quiet, and when you are alert and can concentrate.

The topics of the main awarding bodies

This list will enable you to:
- check which topics are specified for each part of the exam you are taking, at either AS or A2
- organise your revision, especially of vocabulary
- check which topics you will have covered by carrying out the tasks and, where appropriate, by reading and listening to the texts in this book

You will find that most of the topics are covered by the materials in this guide.

Edexcel

AS

Day-to-day matters
- Food, diet, health
- Transport, travel, tourism
- Current affairs and media

Society
- Relationships, family, the generations, youth concerns
- Social issues, law, justice
- Leisure and the arts

The working world
- Education, training and employment
- Business and industry
- Information technology

A2

The environment and citizenship
- Energy, pollution and the environment
- Politics and citizenship
- Campaigning organisations and charities

The international context
- Customs, traditions, beliefs, religions
- The European Union
- Worldwide problems

OCR

AS

Reading and listening materials used in the AS units are drawn from the following broad topic areas and are firmly rooted in the culture of French-speaking countries.
- Media (newspapers, magazines, television and radio; the role and influence of the media)
- Advertising (the role and influence of advertising)
- The arts (aspects of cultural life, e.g. film, theatre; the arts as part of leisure time)
- Daily life (patterns of daily life, daily routine; school; the individual's way of life; living conditions; shopping; housing)
- Food and drink (traditional aspects of the national cuisine; healthy eating; fast food)
- Sport and pastimes (individual and team sports; amateur and professional sport; national sporting concerns and traditions; leisure activities)
- Travel, transport and holidays (tourism as a modern phenomenon; friction between tourists and local inhabitants; holidays and foreign travel; tourism and environment)
- Human interest and news items

A2

Social issues

Urban and rural life: housing problems; social exclusion; employment and unemployment; leisure activities; immigration and qualification for residence; the role of women; equality of opportunity for minority groups; religion and belief; patterns of churchgoing; religious minorities

The environment
- The individual in his/her surroundings; effect of the environment on individuals; personal and individual ways of contributing to environmental awareness
- Pollution: global warming; acid rain; air, water pollution; noise; destruction of rain forests; damage to animal world; solutions and cost implications
- Conservation: saving endangered species and landscapes

Education
Education systems and types of schools; patterns of curriculum; relationship between education and training; further and higher education provision; examinations

Law and order
The role of the police; patterns of crime; public protests and demonstrations; juvenile delinquency

Politics
Aspects of France and the French-speaking world: le système politique; Paris et la Province; les mouvements de droite; l'héritage colonial; le monde francophone

Technological and scientific advances
- Medical advances; advances in the treatment of disease; ethical problems of medical progress
- Technological advances: electronic communications; modern communication systems; satellites and space travel

Human interest news items

AQA

AS
The material for each module is based on the topic areas listed. The topics are inter-related and will include reference, where appropriate, to the particular society or culture.

Module 1: Young people today
The family and relationships
- The extended family
- Generation gap
- Family structure

Rights and responsibilities
- From teenage years to adulthood
- Good citizenship

Leisure
- Leisure trends
- Travel and tourism
- National customs, e.g. 14 July

Healthy living
- Lifestyle
- Drug addiction
- Health services

Education
- Compulsory schooling
- Further education
- Equal opportunities

Jobs and careers
- Men/women in the workplace
- European dimension
- Unemployment

Module 2: Aspects of society

Mass media
- The press, radio and television
- New developments in the media
- Influence of media on society

Pollution, conservation and environment
- Types of pollution and their effects on everyday life
- Awareness-raising and actions
- Energy: finite v. renewable

Immigration and multiculturalism
- Integration

- Problems facing ethnic minority groups
- Immigration and asylum seekers

France and Europe
- France and the EU
- France's relationship with other European countries

The French-speaking world
- Economic and social developments in France and French-speaking countries
- Cultural diversity

Module 3: People and society

Based on topic areas listed under 'Young people today', namely: the family and relationships, rights and responsibilities, leisure, healthy living, education, jobs and careers, together with the three topic areas studied in Module 2.

A2

Module 4

The state and the individual
- Government structure
- Pressure groups
- The electoral system

Distribution of wealth
- Wealth and poverty — rich and poor
- Third World v. developed world

Health issues
- Effects of present-day lifestyles on health
- Poverty and health issues
- The social security system

Transport issues
- Public v. private transport
- Road congestion and accidents
- Influence of transport/travel on the environment

Science and technology
- IT revolution — technological world of work/school/home
- Controversy surrounding technological advances

Racism
- Origins of racism
- Racist violence
- Youth cultures

Crime and punishment
- The judicial system
- Reasons for (youth) crime — theft, drugs, vandalism, guns etc.

Future of Europe
- European Union
- European Parliament
- The euro — a single currency

Global issues
- Economic interdependency
- War/conflict
- Environmental issues, conservation

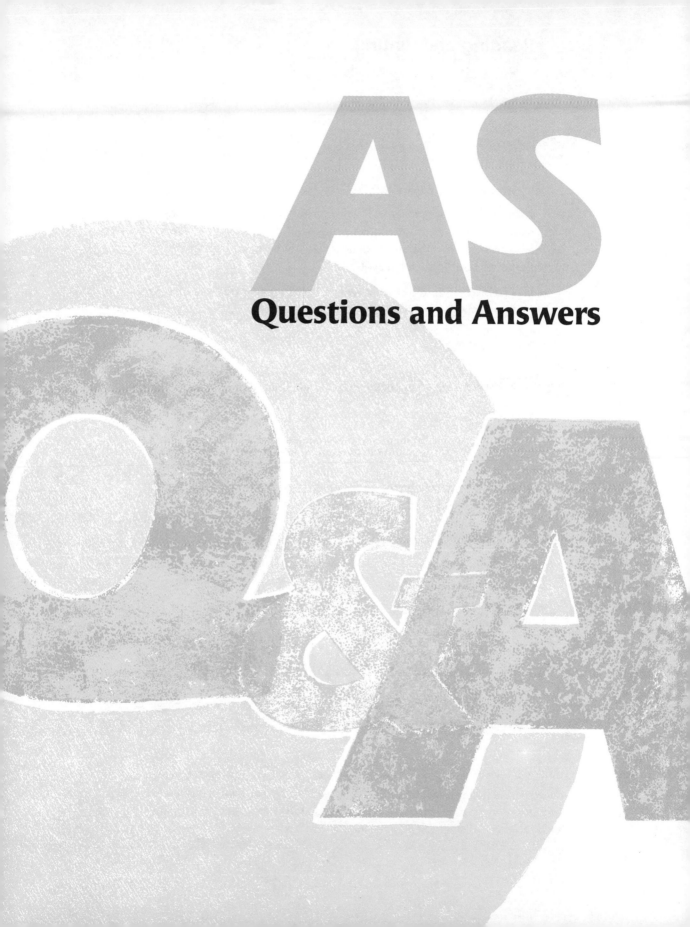

AS

Questions and Answers

*T*his section includes nine texts with tasks. Each task is preceded by (a) a description of the topics covered by the texts, and (b) a description of the types of question used. Answers are provided, followed by commentary where appropriate.

General notes on the tasks

Many tasks testing your reading skill will not involve productive writing. However, always read the rubric (the instructions on the top of the examination paper) carefully: they may inform you that the quality of language will be rewarded, e.g. 'Il y a 10 points supplémentaires pour la qualité de votre langue.'

Where you have to produce a piece of writing based on a written stimulus, e.g. a letter or summary, your language will of course be assessed.

Notes on assessment

In a typical test of reading comprehension, where questions and answers are in French, the marks will be awarded as follows:
20 marks for comprehension
10 marks for language

To perform well in reading you will have to give evidence in your answers of the following:
- a good understanding of a range of written documents in a variety of registers
- a good understanding of grammatical markers, e.g. tense and mood
- awareness of structures
- an ability to infer meaning and points of view

In the examiner's comments on the specimen questions below, reference will be made to these points where appropriate.

Le recyclage des piles plus écologique

Topics covered: pollution; health issues; conservation and environment; energy; industry
Question types: Indicate by ticking whether sentences are true, false or not mentioned in the text.

> Les piles hors d'usage posent un problème grave pour l'environnement parce qu'elles contiennent d'importantes quantités de métaux lourds, toxiques tels que le plomb, le cadmium, le mercure et le nickel. Les systèmes de recyclage à haute température qui sont utilisés aujourd'hui engendrent malheureusement des gaz toxiques et des déchets solides.

Un nouveau procédé a cependant vu le jour. Opérant à moins de 100°C, il génère moins de déchets et produit un métal et des sels suffisamment purs pour être recyclés.

(*Transfert et Innovation Technologiques* 5/96, published by the European Commission)

Task

Dites si les phrases suivantes sont vraies ou fausses d'après ce que vous avez lu, ou si l'information n'est pas donnée dans le texte.

	Vrai	Faux	Pas dans le texte
(a) Les piles ne contiennent que le plomb et la mercure.			
(b) Les systèmes de recyclage utilisés actuellement posent un problème pour l'environnement.			
(c) Les systèmes actuels engendrent des déchets nocifs.			
(d) Le nouveau procédé de recyclage des piles produit davantage de déchets.			
(e) Comme conséquence de ce procédé certaines substances peuvent être recyclées			

Answers

(a) Faux   **(b)** Vrai   **(c)** Pas dans le texte   **(d)** Faux   **(e)** Vrai

In answering this question you only have to tick boxes. To answer correctly, however, you have to understand the questions as well as the text upon which they are based.

In **(a)** it is essential to know the meaning of the negative 'ne...que'. The sentence means 'The batteries contain *only* lead and mercury.' A correct reading of the text will show that they contain other heavy metals in addition.

In **(b)** the candidate has to make a deduction. It is not stated in the text that the current recycling systems pose a threat to the environment but it does say that they generate ('engendrent') harmful gases.

In **(c)** you have to be vigilant. It does not say in the text whether the waste is harmful or not, so you should opt for the third column.

To answer **(d)** correctly you have to understand 'davantage' ('more').

In **(e)**, 'comme conséquence' is an essential element in the sentence.

You will appreciate that a good understanding of grammar and vocabulary is vital in a test such as this. Inspired guessing will not get you very far, nor will a series of random ticks. The latter approach becomes less productive when there are three headings — 'Vrai', 'Faux' and 'Pas dans le texte' — rather than two.

Santé: les vertus abandonnées de la cuisine méditerranéenne

Topics covered: France and Europe; health issues; food, diet and health; daily life; food and drink

Question types: Questions and answers in English.

Les vertus de l'alimentation méditerranéenne préviennent des cancers et des maladies cardio-vasculaires. Pourtant une enquête menée auprès de 14 000 Français montre que la cuisine méditerranéenne est en train de disparaître.

La région méditerranéenne n'échappe pas à la mondialisation de la ration alimentaire. Selon l'enquête, Provence-Alpes-Côte d'Azur ne produit plus les chiffres, qui dans les années 70, lui permettaient d'enregistrer trois à quatre fois moins de maladies cardiaques que dans les régions du Nord de l'Europe. PACA s'est alignée sur les chiffres nationaux et connaît les mêmes conséquences: 8% d'obèses, 45% des hommes et 25% des femmes atteints d'un sur-poids.

(*La Provence Archives Actualité*s, 1998)

Task

Answer the following questions in English.

(a) What does the survey show about the eating habits of people who live in the south of France? (4 marks)

(b) Name the two risks that are increased as a result. (2 marks)

(c) What did figures in the 1970s show about the health of southern French people in comparison with the health of people from northern France? (2 marks)

(d) With reference to the region Provence-Alpes-Côte d'Azur, explain the following percentages that appear at the end of the text: 8%, 45%, 25%. (4 marks)

Answers

(a) They are abandoning a diet (1) based on traditional (1) Mediterranean cooking (1) in favour of a more international diet (1).

(b) Cardiovascular diseases (1) and cancer (1).

(c) There were three to four times fewer cases (1) of heart disease (1).

(d) Eight per cent of the population is obese (1); 45% of males (1) and 25% of females (1) are overweight (1).

You have to make sure you pick out the correct section of the text and that your answers are precise. As a rule it is not advisable to provide back-up answers because they might negate your first correct answer and you will therefore run the risk of scoring no marks for the question.

In (a) you have to be careful how you frame your answer. Essentially, fewer people are eating food prepared in the traditional Mediterranean way.

(b) is a fairly straightforward question with easily recognisable vocabulary in the appropriate section of the text.

In (c) you might find the appropriate section of the text a bit difficult to follow, but if you understand 'moins de' ('less than') you should not find it hard to arrive at the correct answer.

You should find (d) straightforward. You must, however, distinguish between the percentage of overweight males and overweight females.

Un jeune couple veut déménager

Topics covered: the family and relationships; people and society; daily life

Question types:
- Locate vocabulary in the text from given equivalents.
- Match up beginnings and endings of sentences in accordance with the content of the text.

Lisez ce texte qui parle d'un jeune couple qui pense à déménager.

Michel Gaillard a 29 ans. Il loue pour l'instant, avec sa femme Nicole, une maison dans l'agglomération de Lyon. Le jeune couple attend son premier enfant et envisage de déménager. Ils ont rejeté l'idée de vivre en appartement et refusent de rester plus longtemps locataires. Michel s'est mis en quête d'une maison.

L'objectif est d'en trouver une de 100 mètres carrés environ, avec trois chambres, un garage et un petit jardin, pour un budget global de l'ordre de 800 000 francs. L'opération serait relativement facile à réaliser à une vingtaine de kilomètres de Lyon, mais le couple ne souhaite pas quitter l'agglomération. «Avec une maison neuve, l'avantage c'est le prêt à taux zéro. L'inconvénient, c'est le terrain, explique Michel. Comme j'en cherche un bien placé pour pouvoir revendre dans de bonnes conditions, son prix va me prendre environ 60% de mon budget. Ce qui ne me permettra pas d'avoir la maison à laquelle je pense. La solution, c'est peut-être de trouver une maison à retaper, mais les prix ont beaucoup augmenté depuis quelques mois. Ce qui est important, c'est de pouvoir prendre son temps.»

Task 1

Trouvez dans le texte l'équivalent des mots ou expressions suivants.
(a) une concentration d'habitants
(b) but
(c) changer de logement
(d) à la recherche de
(e) total
(f) désire
(g) pourcentage
(h) à peu près
(i) désavantage
(j) réparer

Answers

(a) agglomération (b) objectif (c) déménager (d) en quête de (e) global
(f) souhaite (g) taux (h) environ (i) inconvénient (j) retaper

🄴 Remember that the words and phrases you have to find will appear in the text in the order that they appear in the question. Here are some useful tips for finding the words and phrases of which you are not completely sure:
- There may be a resemblance in both the list and text to an English word, e.g. 'total' in list, 'global' in text.
- Use the context to work out the meaning of the equivalent in the text, e.g. 'pourcentage' in the list, 'taux' in the text.

Task 2

Trouvez l'expression qui complète chaque phrase correctement, selon le sens du passage. Attention! Il y a plus de fins que de débuts de phrases.

(a) Les Gaillard veulent déménager...

(b) Ils cherchent à acheter une maison...

(c) Il serait possible d'acheter une maison neuve...

(d) Si on achète une maison neuve...

(e) Pour le moment Michel n'a pas décidé ce qu'il va faire...

(f) Il a pensé à acheter une maison...

(i)   ...on n'a pas besoin d'y faire du bricolage.

(ii)   ...on peut obtenir un emprunt à 0% d'intérêt.

(iii)   ...parce qu'il veut avoir du temps pour y réfléchir.

(iv)   ...parce qu'ils ne veulent plus louer.

(v)   ...parce qu'ils ont besoin de plus d'espace.

(vi)   ...parce qu'ils ont besoin d'un court de tennis.

(vii)   ...si elle se trouvait hors de la ville.

(viii)   ...pour être plus près de leurs parents.

(ix)   ...qui a besoin de réparations.

(x)   ...qui est isolée.

Answers

(a) v   **(b)** iv   **(c)** vii   **(d)** i   **(e)** iii   **(f)** ix

For this type of test you should use:

- your knowledge of grammar and syntax, e.g. (c) vii
- your comprehension of the text to rule out what does not appear in it, e.g. vi
- inference, e.g. (a) v

Les vacances 'vertes'

Topics covered: the family and relationships; leisure and healthy living; transport, travel and tourism; sport and pastimes

Question types: • Indicate by ticking whether sentences are true, false or not mentioned in the text.
  • Locate vocabulary in the text.

Trente-deux pour cent des séjours de l'été ont été effectués à la campagne, contre 27% à la mer. La part croissante des vacances à la campagne s'explique par la volonté de vivre en harmonie avec la nature et de retrouver des racines disparues avec l'exode rural et l'urbanisation. Ce mouvement s'accompagne d'une recherche d'authenticité, de calme. Le développement se fait surtout dans les régions centrales du pays, qui ont été plus récemment ouvertes au tourisme.

Les citadins fournissent logiquement les plus gros contingents d'amateurs de 'tourisme vert'. C'est le cas en particulier de ceux qui partent en famille. Beaucoup de parents considèrent en effet qu'il est leur devoir de montrer la nature à leurs enfants. La vogue des sports en plein air comme le VTT, l'escalade, le *rafting* et surtout la randonnée a donné une nouvelle dimension à ce type de vacances. La campagne est aussi de plus en plus visitée par les vacanciers de bord de mer, qui font des excursions en arrière-pays.

Task

Dites si les phrases suivantes sont vraies ou fausses d'après ce que vous avez lu, ou si l'information n'est pas donnée dans le texte.

	Vrai	Faux	Pas dans le texte
(a) En France les vacances passées à la campagne sont en hausse.			
(b) On pense que de passer les vacances à la mer est une perte de temps.			
(c) Chez ceux qui passent leurs vacances à la campagne il y a le désir de retrouver une vie rurale.			
(d) Le 'tourisme vert' se fait plutôt à l'ouest de la France.			
(e) Quelques parents pensent qu'il est important que leurs enfants fassent connaissance de la nature.			
(f) Les sports en plein air sont actuellement très populaires en France.			
(g) Ceux qui passent leurs vacances au bord de la mer vont de moins en moins à l'arrière-pays.			

Answers

(a) Vrai (b) Pas dans le texte (c) Vrai (d) Faux (e) Vrai (f) Vrai (g) Faux

e **(a)** To be sure of the answer you need to know the meaning of 'en hausse' ('rising') in the sentence and 'la part croissante' ('the increasing proportion') in the text. It is then a question of matching up almost synonymous phrases.

(b) This should not present too much of a problem because there is no suggestion in the text that seaside holidays are thought of as 'a waste of time'.

(c) The relevant section of text is 'retrouver des racines disparues avec l'exode rural et l'urbanisation' ('to rediscover one's roots which became lost with the rural exodus and urbanisation'), i.e. the wish to regain a rural existence.

(d) If you understand 'plutôt' ('rather') in the sentence you should not find this difficult.

(e) The question is a rephrasing of the relevant section in the text: 'Beaucoup de parents considèrent en effet qu'il est leur devoir de montrer la nature à leurs enfants.' ('Many parents consider it their duty to show nature to their children.')

(f) To be sure of the answer you should note that the author writes about 'la vogue des sports…'.

(g) This should present little difficulty to most candidates. You have to read to the end of the last sentence, which clearly contradicts the statement in the question.

Task 2

Dans le texte trouvez l'équivalent des mots ou des expressions suivants.
(a) une proportion qui grandit   **(d)** celui qui habite une ville
(b) source   **(e)** promenade longue
(c) vérité

Answers

(a) la part croissante (b) racines (c) authenticité (d) citadin (e) randonnée

La PlayStation 2

Topics covered: young people today; leisure; aspects of society; information technology; sport and pastimes

Question types: • Write on a subject related to the content of the text.
• Complete sentences by selecting the correct word from three choices.

There are two tasks based on this text. One is a piece of productive writing and the other is the completion of sentences. In the first task you are instructed to write a letter on a subject related to the text and to base it on the details contained in it. In the second task you have to choose the correct word from three. It is clearly as much a test of your knowledge of grammar as of your understanding of the text.

Les Megastore de Paris et de province étaient les premiers où était épuisée en France, à partir de minuit, la PlayStation 2. La console tant attendue par les amateurs du jeu vidéo est livrée en trop petits nombres: 70 000 unités seulement pour le territoire français, dont 50 000 déjà réservées.

Les Virgin Megastore devaient rester ouverts jusqu'à une heure du matin. Sony avait invité les amateurs à passer commande sur son standard téléphonique entre le 2 septembre et le 7 octobre. Ne restent plus, pour les rayons, que 20 000 de ces consoles à 2 990 francs.

«Sony n'arrive pas à fabriquer assez de consoles.» Le constructeur justifie la rareté de la PlayStation 2 par des problèmes d'approvisionnements de certains composants. Le continent européen devra se contenter de 500 000 consoles, alors que la demande est estimée trois ou quatre fois supérieure. Il y a un mois, le lancement aux Etats-Unis a donné lieu à des queues interminables devant les magasins.

Au Japon, où 3 millions de PlayStation 2 ont été vendues depuis le lancement en mars, on n'est plus satisfait. «Beaucoup de clients éprouvent une déception,» raconte le gérant d'une boutique spécialisée à Tokyo.

(Bruce Icher, *Libération*, 24/11/00)

Task 1

En visite chez votre correspondant(e) en France vous avez lu cet article dans le journal et vous écrivez au rédacteur en chef du journal une lettre (100–150 mots) dans laquelle vous expliquez vos opinions au sujet de la vogue des jeux vidéo dans votre pays ainsi que dans d'autres pays du monde. N'oubliez pas de vous baser sur les détails de l'article.

Specimen answer for Task 1

Monsieur le rédacteur en chef,

Ayant lu l'article sur la PlayStation qui a paru récemment dans votre journal, j'ai voulu vous exprimer mes opinions sur cette vogue des jeux vidéo.

Dans mon pays comme ailleurs dans le monde les jeux vidéo sont extrêmement populaires chez les jeunes ainsi que chez les adultes. Cela semble aussi le cas ici en France d'après ce que j'ai lu dans l'article. Je peux imaginer la déception de tous ceux qui voulaient acheter la PlayStation 2 en apprenant qu'elle était épuisée dans les six Virgin Megastores de Paris et de province peu de temps après son lancement.

Et ce n'est pas seulement en France que la même sorte de chose est arrivée. Quand la PlayStation 2 a été lancée aux Etats-Unis il y avait des queues interminables devant les magasins. Et au Japon je vois qu'elle est très populaire.

A mon avis la popularité des jeux vidéo s'explique en partie par le haut niveau d'inter-action entre le joueur et le jeu. On se trouve dans une réalité virtuelle, ce qui est très passionnant.

Je ne suis donc pas étonné(e) de la déception de ceux qui ont trouvé que le nouveau jeu a été si vite épuisé en France. Je dois ajouter que les amateurs de jeux vidéo anglais ont éprouvé la même sorte de déception dans de pareilles circonstances en Angleterre.

In the first paragraph the candidate has laid out clearly his/her intention, explaining in a concise sentence that the letter is being written as a result of reading the article from the editor's paper. The inclusion of so much information in a fairly short sentence is helped by the use of 'Ayant lu…' at the beginning, thus avoiding the necessity to use two sentences, e.g. 'J'ai lu…. En conséquence j'ai voulu…' Notice too that the candidate has made good use of the instructions: '…opinions… vogue des jeux vidéo'.

Although in the second paragraph the candidate is reporting some of the content of the article, he or she has added a personal note which provides originality: 'Je peux imaginer la déception' etc. The candidate uses some apt phrases which enhance the quality of the language, e.g. 'comme ailleurs dans le monde'; 'chez les jeunes ainsi que chez les adultes' (note that the candidate has taken 'ainsi que' from the instructions); 'en apprenant'. If there is a criticism it is a small one. The candidate has perhaps spent too much time on restating what is in the text.

In the third paragraph he or she tends to restate too much of what is in the text.

In the fourth paragraph the candidate offers an explanation for the popularity of video games. The explanation is effective and is put succinctly in elegant French. The use of 'ce qui…' to clinch the idea is to be commended.

The last paragraph is rescued somewhat from the accusation of repetition by the reference to the situation in England.

Overall the candidate would have scored highly on the quality of the language but would have dropped a few marks for content.

Task 2

Complétez les phrases ci-dessous en choisissant le mot qui convient dans chaque cas.

(a) On avait peur qu'il n'y (ait/a/avait) une émeute dans les Virgin Megastore de Paris.

(b) On n'a (livrée/livré/livrées) que 70 000 PlayStation 2 en France.

(c) Les Virgin Megastore sont (rester/restaient/restés) ouverts jusqu'à une heure du matin.

(d) Les amateurs ont été (inviter/invités/invitaient) à passer commande au téléphone.

(e) Ce sont les problèmes d'approvisionnement (que/dont/qui) ont causé le nombre insuffisant de consoles.

(f) On n'a fabriqué (aucun/que/point) 25% du nombre de consoles demandées par le public.

(g) Aux Etats-Unis les queues devant les magasins (été/étaient/était) interminables.

(h) Le gérant d'une boutique à Tokyo raconte que (des/de/du) nombreux clients (est/sont/être) déçus.

(i) Il (manque/manquent/manquer) de nouveaux jeux.

(j) La technologie joue un rôle de plus en plus (important/importante/importants) dans la vie de (tout/tous/toutes) le monde.

Answers

(a) ait **(b)** livré **(c)** restés **(d)** invités **(e)** qui **(f)** que **(g)** étaient **(h)** de, sont **(i)** manque **(j)** important, tout

To make sure you arrive at the correct answer, firstly your knowledge of grammar should be sound and secondly you should look carefully at those sentences where the correct form depends on other elements within the sentence.

(a) You would have to know that 'avoir peur que...' takes the subjunctive.

(b) 'On' is the subject of the verb and the auxiliary verb is 'avoir'. That means that there is nothing on the end of the past participle 'livré'.

(c) The subject is masculine plural and the auxiliary is 'être'.

(d) You would have to know that the past participle agrees in the passive.

(e) The relative pronoun is the subject and therefore the correct answer is 'qui'.

(f) Here you have to use your deductive powers and your knowledge of the text, and of course you would have to know that 'ne...que' means 'only'.

(g) You cannot use 'été' without an auxiliary verb and you need a verb in the plural to agree with 'les queues'.

(h) You use 'de' as the partitive before the combination adjective + noun. The verb agrees with the plural subject 'clients'.

(i) Here 'manque' is used as an impersonal verb; 'il' is the subject.

(j) 'Important' is masculine, agreeing with 'le rôle'; 'tout' is an adjective agreeing with 'le monde'.

Les filles et les métiers scientifiques

Topics covered: young people today; jobs and careers; education, training and employment; business and industry

Question types: • Complete sentences by choosing the correct ending from three.
• Write a letter using the text as a stimulus.

Trente et une jeunes filles de la région ont reçu le prix de la Vocation scientifique et technique d'un montant de 5 000F. L'objectif est de réduire l'inégalité existant dans ces domaines entre femmes et hommes.

La mixité dans les classes pénalise les filles. Avant 1968, il y avait plus d'élèves féminines dans les lycées techniques et scientifiques. Cela peut surprendre, mais les statistiques ne mentent pas.... Aujourd'hui comme hier, dans les lycées, entre un garçon qui a 14–15 de moyenne dans toutes les disciplines et une fille qui a 17 partout, on va plus facilement inciter le garçon à faire une préparation scientifique.

Aujourd'hui, le choix des jeunes filles se limite trop souvent aux secteurs traditionnels. Elles optent majoritairement pour les filières littéraires, tertiaires ou médico-sociales. Les femmes restent minoritaires dans les formations scientifiques, industrielles ou dans les classes préparatoires aux grandes écoles. Dans ces secteurs, l'égalité n'existe pas. En terminales scientifiques, les filles représentent 42% des effectifs, mais après le bac, elles ne sont plus que 23% dans les classes préparatoires aux grandes écoles scientifiques, 22,23% dans l'ensemble des écoles d'ingénieurs et 13,5% à préparer le DUT informatique.

(*France-Ouest*, 13/12/00)

Task 1

Lisez cet extrait d'un article sur l'inégalité entre femmes et hommes dans les métiers scientifiques et technologiques puis choisissez la phrase qui convient le mieux.

(a) L'objectif du prix est:

(i) d'encourager les jeunes filles à poursuivre une carrière scientifique ou technologique

(ii) de promouvoir les métiers dans la technologie

(iii) de rembourser les frais des lycéennes

(b) Les filles sont pénalisées:

(i) parce qu'il y a trop d'élèves dans les classes des lycées

(ii) parce que les profs ne sont pas assez qualifiés

(iii) parce que les garçons et les filles assistent aux mêmes cours du lycée

(c) Avant 1968:

(i) moins de filles allaient aux lycées techniques et scientifiques

(ii) les élèves féminines étaient plus aptes à opter pour les matières scientifiques et techniques

(iii) les matières scientifiques et techniques étaient considérées plus masculines que féminines

(d) Aujourd'hui:

(i) on a tendance à encourager les garçons plus que les filles à se préparer aux grandes écoles scientifiques

(ii) les garçons réussissent moins bien que les filles

(iii) les filles ont de meilleures notes que les garçons

Answers

(a) i   **(b)** iii   **(c)** ii   **(d)** i

This is a good example of a case where you can use the rubric to your advantage if you read it carefully. The subject of the text is given and you should realise quite early on the direction the inequality takes.

The stem of each part of the question, e.g. 'L'objectif du prix est…', should not pose any difficulties as regards comprehension.

For **(a)** you need to have arrived at an overall comprehension of the text. However, (ii) and (iii) are not very likely answers. Moreover, the rubric would point to (i) as the most likely answer. You should not select an answer simply because it is the least unlikely choice, but it is a way of reinforcing an informed choice.

In **(b)**, understanding of the word 'mixité' ('coeducation') in the text is essential, though you should be able to rule out (ii).

For **(c)**, an understanding of 'moins de' and 'plus de' (in the text) should rule out (i). A degree of inference is necessary to arrive at the correct answer.

To arrive at the correct answer for **(d)** you have to read the text very carefully. Neither (ii) nor (iii) is stated in the text. However, it is said that boys rather than girls may be encouraged to prepare for the grandes écoles in sciences, even though girls' overall average marks may be higher.

Task 2

Vous décidez de rédiger une lettre à l'intention de votre correspondant(e) qui fait ses études dans un lycée français. Dans cette lettre vous décrivez la situation des filles à l'égard des métiers scientifiques et technologiques dans votre pays. Tâchez de proposer des moyens pour encourager les filles à choisir un métier dans ces domaines.

Specimen answer for Task 2

Cher/chère...

Je viens de lire un article qui parle de l'inégalité qui existe entre femmes et hommes dans les domaines scientifiques et technologiques en ce qui concerne les métiers. Dans mon pays les filles sont rares à s'orienter vers les sciences au niveau du lycée. Par conséquent il y a comme chez vous une inégalité entre hommes et femmes dans les métiers scientifiques et technologiques.

Comme chez vous aussi la mixité joue un rôle important. Dans les écoles de filles les élèves qui étudient les sciences et les matières techniques sont relativement plus nombreuses que dans les écoles mixtes. Par exemple dans mon collège qui est mixte dans les classes de physique et de chimie il y a une majorité de garçons tandis que dans les classes de biologie il y a plus de filles que de garçons.

Je pense que l'idée de décerner un prix à des filles qui vont faire une carrière dans les sciences ou la technologie pourrait encourager d'autres filles à faire de même. Pourtant pour établir un équilibre entre femmes et hommes dans les domaines dont il s'agit dans l'article il faudrait traiter filles et garçons de la même façon. Je pense qu'il est inacceptable que l'on incite les garçons plus facilement à se préparer aux grandes écoles que les filles. Surtout si la fille avait atteint une moyenne qui était supérieure à celle du garçon.

Dans certaines écoles mixtes de mon pays on a séparé les filles et les garçons pour les matières scientifiques à l'âge de 11 ou 12 ans. Il y a par exemple des classes de physique composées uniquement de filles ou de garçons. On soutient que dans ces classes les filles travaillent beaucoup mieux.

In the opening paragraph you will see that the candidate has used a lot of the vocabulary contained in the text, but it is well integrated. The candidate gives the impression of fully understanding the original and being able to manipulate its language with ease, e.g. '…l'inégalité existant dans ces domaines entre femmes et hommes' is adapted to '…l'inégalité qui existe entre femmes et hommes…dans les métiers scientifiques et technologiques'. This paragraph presents the first part of the task very effectively.

In the second paragraph the candidate develops the idea presented in the first paragraph with an appropriate example.

In the third and fourth paragraphs the candidate brings in personal opinions, e.g. 'Je pense qu'il est inacceptable…les filles.' He or she offers a solution in the last paragraph, thus carrying out the second part of the task. These last two paragraphs contain some excellent examples of good use of the language of the original, e.g. 'mixité', 'décerner un prix'.

This piece of writing would earn full marks (20/20) for both content and the quality of the language used. It would conform easily to the following descriptions taken from the grid used by one of the examining bodies.

Mark

19–20	**Content** Task fully grasped, answer wholly relevant and convincing. Excellent knowledge and understanding.
19–20	**Quality of language** Excellent communication. Language almost always fluent, varied and appropriate. Very high level of accuracy.

Fait divers: inondations

Topics covered: human interest news items
Question types: Write an account using the text as a stimulus and following prescribed guidelines.

> Situation critique, bien sûr, à Quimper, Quimperlé, Morlaix, Landerneau et Châteaulain. Les inondations n'épargnent pas la campagne qui connaît, aussi, des difficultés réelles. Une centaine de personnes ont été évacuées. Et il va encore pleuvoir. A Quimper l'eau envahit les boulevards qui bordent l'Odet. Les automobilistes et les passants sont surpris par la rapidité du phénomène. Les commerçants entassent des sacs de sable devant les magasins.

Task

Vous avez lu ce fait divers dans un journal dans la région où vous êtes en vacances. Vous étiez à Quimper lors des événements décrits ici. Vous écrivez une lettre en français de 140 à 160 mots à votre correspondant(e) où vous décrivez ce qui s'est passé.

Vous devez:

- décrire la scène sur le boulevard principal de Quimper
- raconter ce qui s'est passé
- donner des détails sur les dégâts causés par les inondations
- décrire les actions et réactions des passants et des automobilistes
- décrire ce que vous avez fait vous-même

Version 1 — specimen answer at AS

Cher/chère...

Comme tu sais, je suis en Bretagne. Tu as sans doute vu les inondations en Bretagne à la télé. L'autre jour ma copine et moi sommes allé(e)s à Quimper. Le boulevard principal était envahi par la rivière qui coule à travers la ville, l'Odet. L'eau de la rivière montait jusqu'aux magasins et les commerçants entassaient des sacs de sable devant leur porte mais n'empêchaient pas l'eau d'y entrer.

Tu peux imaginer les dégâts causés par l'eau et la boue. Au rez-de-chaussée des magasins les marchandises étaient complètement ruinées. J'ai vu dans une librairie, envahie par l'eau, un tas de beaux livres qui flottaient. Heureusement nous avons pu monter au premier étage de cette même librairie d'où nous regardions ce qui se passait dans la rue en dessous.

Les gens dans la rue avaient évidemment grande difficulté à circuler. Cette difficulté était aggravée par les voitures qui créaient de grandes vagues. On voyait des passants qui faisaient des gestes impolis et les automobilistes qui faisaient de même.

Nous avons passé deux heures dans la librairie à observer la scène dans la rue et à regarder les livres et les CDs. Nous avons acheté des cadeaux pour nos amis. Heureusement que la rivière est descendue et nous avons pu rentrer en bus à notre gîte.

Grandes bises...

Version 2 — specimen answer at GCSE level

(Both answers are commented on below, to highlight the differences between an AS and a GCSE answer.)

Nous sommes en Bretagne où nous passons nos vacances. Hier ma copine et moi nous étions à Quimper. En ce moment il y a beaucoup d'inondations en Bretagne. La ville de Quimper était inondée. L'eau a envahi les boulevards.

Les automobilistes et les passants étaient surpris par le phénomène. Les voitures marchaient très lentement. Les passants étaient très fâchés.

Nous avons vu que dans les magasins il y avait beaucoup d'eau et les marchandises étaient ruinées. Les commerçants entassaient des sacs de sable devant leurs magasins.

Il pleuvait beaucoup et ma copine et moi avons décidé d'entrer dans une librairie. Nous sommes montés au premier étage où il y avait le rayon des disques. Nous avons écouté plusieurs CDs. Après une heure nous sommes montés au deuxième étage. Nous avons regardé beaucoup de livres. J'ai acheté un livre de cuisine pour mon père. Nous avons regardé par la fenêtre. Il ne pleuvait plus. Nous sommes descendus dans la rue. Puis nous avons pris le bus pour rentrer à notre gîte.

e Version 1
General

The candidate has written a little more than is specified in the instructions. However, there is no noticeable redundancy and the language is not jeopardised. All of the points set out in the instructions have been addressed and have been well integrated into the letter. The account is lively and natural.

Use of the stimulus material

The candidate has used the information provided in the report. This is confined mainly to the first paragraph. Some of the vocabulary of the report has been used, but it has been well integrated and tenses have been suitably adapted.

In the second paragraph the candidate has extended imaginatively the details given in the report to address the third point, 'donner des détails sur les dégâts causés par les inondations'.

This process continues in the third paragraph, where there is a commendable piece of humorous observation.

In the last paragraph the candidate introduces a personal note, which provides the account with a firm basis of realism. The stimulus has been used well. The letter is far from being a mere rehash of the report.

Language

What is immediately noticeable about this version of the letter is that the candidate has displayed mastery of a variety of tenses and of the passive. Don't forget that you are in control of this piece of writing and you decide how to put into words what you have been instructed to express. In this and most of the writing tasks you have to perform, you are given the chance to display your linguistic skills; so grasp the opportunity with both hands.

The candidate has also displayed a good knowledge of a variety of structures, e.g. 'n'empêchaient pas l'eau d'y entrer'; 'd'où nous regardions ce qui se passait'; 'les gens…avaient grande difficulté à circuler'. In a conscious attempt to introduce a variety of structures there is the danger of making a piece of writing such as this, which should be in an informal register, sound artificial and stilted. The candidate has avoided this by varying the kind of language used. It is idiomatic and suitably personal, e.g. 'Comme tu sais…'; 'Tu peux imaginer…'.

The vocabulary is varied and appropriate, with some well-chosen words and phrases, e.g. 'aggravée'; 'qui créaient de grandes vagues'; 'faisaient des gestes impolis'.

Overall this is an excellent response to the task set and should be placed in the top category for both content and quality of language.
- **Content:** the task has been fully grasped and the answer is wholly relevant. The candidate has displayed excellent knowledge and understanding.
- **Language:** excellent communication has been shown. The language is always fluent, varied and appropriate. There is a very high level of accuracy.

Version 2
General
The candidate has carried out the instructions and addressed all of the points. In contrast to version 1, however, the sentences here are mainly simple. Where there are two or more ideas in one sentence the candidate has often connected them by using the conjunction 'et'.

Use of the stimulus material
Much of the material from the report is used in the first three paragraphs, although the candidate has adapted it to some extent. In the last paragraph the candidate does introduce some original material to address point 5, 'décrire ce que vous avez fait vous-même'.

Language
On the whole the candidate has played safe with the verbs, although a variety of tenses is used. The passive is also used with success. There is no attempt to display a knowledge of constructions, as there was in version 1. There is a good degree of accuracy. The overall impression is that the language is fairly stilted, which is due to the candidate's reluctance to use complex sentences and more adventurous constructions.

Manet et Zola

Topics covered: leisure and the arts

Question types: • Questions and answers in English.
• Complete a summary by filling in blanks with words provided in a random list.

Lisez cet extrait d'un article sur le peintre Gustave Manet et le romancier Emile Zola puis complétez les tâches qui le suivent.

Manet (1832–83) était issu d'une riche famille de la grande bourgeoisie parisienne, et son père s'attendait à ce qu'il fît comme lui des études de droit. Mais le jeune Manet, qui ne montrait aucun goût pour l'effort intellectuel, opta pour une carrière dans la marine. Ayant cependant échoué au concours d'entrée à l'Ecole Navale, il finit par persuader son père que son avenir était dans la peinture.

Il alla donc apprendre le métier dans l'atelier du peintre académique Thomas Couture. Manet était un élève doué mais rebelle et avait du mal à accepter la mode académique de l'époque pour les représentations monumentales de scènes historiques ou mythologiques. Dès 1859, il était donc allé chercher son inspiration dans le monde de la vie parisienne qui l'entourait. Et dès 1865 il s'était acquis une réputation d'enfant terrible après qu'il eut exposé au Salon de Paris *Olympia* (1863), son portrait d'une courtisane moderne, portrait qui provoqua un véritable tollé de la critique.

La carrière d'écrivain de Zola (1840–1902) est marquée elle aussi par un esprit d'indépendance et jalonnée par les scandales. Fils d'un ingénieur civil vénitien et d'une jeune Française d'origine modeste, Zola était né à Paris, mais avait passé la majeure partie de sa jeunesse à Aix-en-Provence. Ayant perdu son père très tôt, il connut une enfance pauvre mais heureuse, fréquentant le lycée en compagnie de son ami Paul Cézanne.

En 1858, les difficultés financières s'aggravant, sa mère et lui quittèrent Aix pour rejoindre Paris. La pauvreté et son échec au baccalauréat le forcèrent à abandonner ses études et à chercher du travail. Employé quelques mois aux docks de la douane, Zola passa ensuite par une période de misère avant d'entrer chez Hachette, aux expéditions tout d'abord, et bientôt comme chef de publicité. Entre 1860 et 1866, non seulement il retrouva Cézanne, son ami d'enfance, mais il se lia avec Courbet, Pissaro et Manet. Il avait aussi commencé à se consacrer à plein temps à une carrière de romancier et de critique d'art. Sa rencontre avec Manet en décembre 1866 marqua le début d'une étroite et enrichissante amitié entre l'artiste et l'écrivain.

(FRENCH REVIEW Vol. 1, No. 1, September 1995)

Task 1

Answer in English the following questions on Manet and Zola.

Manet

(a) What profession did Manet's father expect his son to follow? (1)

(b) What profession did Manet choose and why did he not follow it? (3)

(c) What kind of pupil was Manet at the art school? (2)

(d) How is the fashion among academic painters of the time described? (4)

(e) Where did Manet seek his inspiration after 1859? (2)

Zola

(a) Where was Zola born? (1)

(b) How did Aix-en-Provence figure in Zola's life? (2)

(c) For what reason is Zola's name linked with that of Cézanne? (2)

(d) Which two circumstances caused Zola to give up his studies? (2)

(e) What is said about the effect of Zola's meeting with Manet in 1866? (3)

Answers

Manet

(a) Law/lawyer (1)

(b) Naval/sailor (1); failed exam/competition (1) to naval college/school/academy (1)

(c) Talented (1), rebellious (1)

(d) Large-scale/monumental (1) representations (1) of historical (1) or mythological scenes (1)

(e) Parisian life (1) around him (1)

Zola

(a) Paris (1)

(b) Spent greater part (1) of youth there (1)

(c) His friend (1) at lycée (1)

(d) Poverty (1); failed baccalauréat (1)

(e) Beginning (1) of close (1), enriching friendship (1)

e As is the case here, your reading comprehension may be tested by questions in English, which you should answer in English. This text divides neatly into two parts and there is an equal number of questions for each, so in effect you can treat it as two separate texts.

Task 2

Complétez ce résumé de la vie et la carrière de Manet jusqu'en 1865 en remplissant les blancs avec un mot ou expression choisi dans la liste qui suit le résumé.

Manet est **(a)**... en 1832. Sa famille était **(b)**.... Son père voulait que Manet **(c)**... ses études de droit. Le jeune Manet voulait être **(d)**.... Il n'a pas **(e)**... au concours d'entrée à l'Ecole Navale. **(f)**... son père lui a **(g)**... de faire sa carrière dans la peinture.

Il a été reconnu comme un élève **(h)**.... Pourtant il n'acceptait pas comme source d'inspiration **(i)**... et les scènes **(j)**.... Il cherchait son inspiration dans la vie qu'il **(k)**... autour de lui. Son portrait d'une courtisane *Olympia* lui a **(l)**... la réputation d'enfant terrible.

finalement	né	mérité	la mythologie
doué	voyait	historiques	fasse
marin	permis	réussi	riche

Answers

(a) né **(b)** riche **(c)** fasse **(d)** marin **(e)** réussi **(f)** finalement **(g)** permis **(h)** doué **(i)** la mythologie **(j)** historiques **(k)** voyait **(l)** mérité

This is a summary and so the task is not simply to fill in words that have been left out of the original text. Moreover, you have to select your words from a random list.

You therefore have to read the original text carefully and to make full use of your knowledge of grammar, e.g. in (c), where the subjunctive is required after 'Son père voulait que Manet...'.

Text 9

Le baccalauréat et l'enseignement supérieur

Topics covered: young people today; education, jobs and careers; education, training and employment

Question types:
- Locate in the text equivalents of a given word.
- Questions and answers in French.
- Write a letter on a subject related to the text, with guidelines in French.

Certes, le bac est toujours la clé pour les études supérieures, du moins en théorie, car certaines universités exigent une mention 'Assez bien' ou même 'Bien' pour s'inscrire. Ces pratiques ont suscité un large débat sur la sélection.

De plus en plus de jeunes titulaires du baccalauréat entreprennent des études supérieures. Le nombre des étudiants de premier cycle universitaire s'est multiplié par 5 en 20 ans. Les cours sont surchargés, les amphithéâtres bondés, le personnel enseignant et administratif insuffisant, les bibliothèques et les équipements en informatique bien loin derrière ce qu'on trouve en Grande-Bretagne. De plus l'échec aux examens du premier cycle universitaire (les 2 premières années) est important, ce qui conduit certains politiciens et professeurs à préconiser la sélection à l'entrée de l'université.

(FRENCH REVIEW Vol. 1, No. 3, April 1996)

Task 1

Trouvez dans le texte l'équivalent des mots et expressions suivants.
(a) introduction
(b) requièrent
(c) provoqué
(d) s'est accru
(e) mène

Answers

(a) clé   **(b)** exigent   **(c)** suscité   **(d)** s'est multiplié   **(e)** conduit

Task 2

Répondez en français.
(a) De quelle manière certaines universités sélectionnent-elles leurs étudiants? (2)
(b) Quelles sont les conséquences de la multiplication du nombre d'étudiants de premier cycle universitaire en ce qui concerne:
(i) les cours? (1)
(ii) le personnel enseignant? (1)
(c) Dans quel domaine les universités en Grande-Bretagne dépassent-elles les universités en France? (2)
(d) Qu'est-ce qui pousse certains politiciens à recommander la sélection à l'entrée de l'université? (3)

Answers

(a) Ils exigent une mention 'Bien' (1) ou 'Assez bien' (1).

(b) Les cours sont surchargés (1); le personnel enseignant est insuffisant (1).

(c) Les bibliothèques (1), les équipements en informatique (1).

(d) Le grand nombre d'étudiants (1) qui font échec (1) aux examens du premier cycle (1).

e With a task where the questions and answers are in French you have to make sure that you convey the information required by the question. This might involve writing a complete sentence, as in (a) and (b).

Task 3

Ecrivez une lettre à un(e) correspondant(e) dans laquelle vous:
- exprimez vos opinions sur le baccalauréat comme clé pour les études supérieures
- décrivez la façon dont on gagne accès à l'université dans votre pays
- donnez votre avis sur les avantages et les inconvénients des deux systèmes

Vous pouvez vous servir des idées et du vocabulaire du texte. Vous devez écrire 140–160 mots.

Specimen answer

Cher/chère...

Je viens de lire un article dans un magazine français concernant les études supérieures en France. Ce qui m'a frappé(e) c'est qu'une fois qu'on a réussi au bac on a en principe accès à l'université.

Ici en Angleterre il existe depuis longtemps un système de sélection rigoureux. Le fait qu'on réussit au Certificat de A-level en trois matières ne te donne pas automatiquement accès à l'université. Certaines universités exigent une mention Bien ou même Très bien pour s'inscrire. Certaines universités n'exigent que la moyenne. Mais dans la plupart des cas le Certificat de A-level n'est pas la clé pour les études supérieures.

Ton système me semble plus juste. Il arrive qu'un élève qui ne brille pas au niveau du bac se développe à l'université. Mais je vois qu'en France le nombre accru d'étudiants a causé des problèmes. Les cours sont surchargés, le personnel enseignant est insuffisant.

Donc je comprends les inquiétudes de certains politiciens et des professeurs qui préconisent la sélection à l'entrée de l'université.

© The candidate has carried out the three sections of the task well. Very good use has been made of the vocabulary and content of the article and rubric, e.g. 'on a accès à', 'la clé pour les études supérieures', 'surchargés', 'le personnel enseignant', 'préconisent'.

The level of accuracy and communication is high.

This candidate would score high marks on both the completion of the task and on the language used.

*T*his section includes seven texts with tasks and a specimen OCR paper, each preceded by a description of the text topics covered and the question types used. After each task there are answers and, where appropriate, examiner's comments.

These texts are taken from spoken sources. To make full use of them you should have them recorded and use the recordings as you would any listening test. See page 1 for further advice.

La vache folle

Topics covered: France and Europe; healthy living; food, diet and health
Question types: Questions and answers in French.

Voici un reportage sur la crise de la vache folle en France.

Le nombre de cas d'encéphalopathie spongiforme bovine (ESB) s'est multiplié en France. Depuis le début de l'année, 86 bovins malades ont été recensés et 166 depuis 1991.

Le ministère de l'Agriculture hongrois a décidé d'interdire, à partir de lundi, les importations de viandes de boeuf et de veau en provenance de France par crainte de la maladie de la 'vache folle'.

Pour les mêmes raisons, la Russie 'limite' depuis mercredi les importations de bœuf en provenance de neuf départements français.

En France, depuis la vente de viande de bœuf suspecte dans plusieurs supermarchés il y a deux semaines, et la succession d'annonces de nouveaux cas d'ESB, les mesures se sont multipliées pour tenter de prévenir le risque d'infection par la maladie de la vache folle.

Neuf arrondissements parisiens ont exclu le bœuf du menu des cantines scolaires. Dès le milieu de la semaine prochaine, les 207 restaurants du leader français de la viande grillée Buffalo Grill banniront les côtes de bœuf et les T-bones, des morceaux en contact avec la colonne vertébrale des bovins.

(*France Info*, 5/11/00)

Task

Répondez aux questions suivantes.
(a) Combien de bovins malades ont été recensés depuis le début
de l'année? (1 point)

(b) Quelles mesures ont été prises par:

    (i) la Hongrie?   (4 points)

    (ii) la Russie?   (5 points)

(c) Qu'est-ce qui a provoqué des mesures pour prévenir le risque d'infection?   (5 points)

(d) Décrivez les mesures prises par:

    (i) quelques arrondissements parisiens   (3 points)

    (ii) la chaîne de restaurants Buffalo Grill   (4 points)

Answers

(a) 86 (1).

(b) (i) Elle a interdit (1) les importations (1) de viande de bœuf (1) à partir de lundi (1).

    (ii) Elle a limité (1) depuis mercredi (1) les importations de bœuf (1) en provenance de neuf (1) départements français (1).

(c) La vente de viande de bœuf (1) suspecte (1) dans plusieurs supermarchés (1) et la succession d'annonces (1) de nouveaux cas d'ESB (1).

(d) (i) Ils ont exclu le bœuf (1) du menu (1) des cantines scolaires (1).

    (ii) Ils banniront les côtes de bœuf (1) et les T-bones (1) (des morceaux en contact (1) avec la colonne vertebrale des bovins) (1).

In a listening task such as this, with questions and answers in French, the test consists essentially of an understanding of the questions and the ability to locate accurately the relevant sections of the text. In answering, make sure you find and write down the number of points to correspond to the marks allocated to each question (in brackets after the question).

As well as being a test of your reading and listening abilities, this is also to some extent a test of your ability to write answers that flow from the questions.

(a) There are two figures in one sentence in the text. You should be able to arrive at the correct one if you listen carefully. The phrase 'depuis le début de l'année' is important here.

(b) You should begin the sentences with some indication of who/what carried out the measures: 'Elle/la Hongrie/la Russie…'. Look for the number of points allocated to each part.

(c) This question does not require a complete sentence in response. The answer given above is a natural continuation of the question, i.e. 'Qu'est-ce qui a provoqué…?' Answer: 'La vente de bœuf… (a provoqué…)'.

(d) Here you do have to write full sentences: 'Ils (quelques arrondissements parisiens) ont exclu…'.

La monnaie unique européenne

Topics covered: France and Europe; business and industry
Question types: • Questions and answers in French.
      • Complete a summary of the text by filling in blanks with words chosen from a list.

Ecoutez cet extrait tiré d'une émission sur la monnaie unique européenne, l'euro.

Tout ce que vous avez toujours voulu savoir sur la monnaie unique sans jamais oser le demander.

Pourquoi seuls 11 pays participent à l'euro?

Le Conseil de l'Union Européenne (UE), réuni le 2 mai, a sélectionné 11 des 15 états membres pour participer à l'euro. Ces pays sont la Belgique, l'Allemagne, l'Espagne, la France, l'Irlande, l'Italie, le Luxembourg, les Pays-Bas, l'Autriche, le Portugal et la Finlande.

La Grèce ne remplit pas encore les critères nécessaires pour y participer (déficit budgétaire et inflation réduits...). Le Danemark, la Suède et le Royaume-Uni ont décidé pour l'instant de rester en dehors de la zone euro.

Pourquoi a-t-on choisi le nom «euro» pour la monnaie unique?

Le traité de Maastricht prévoyait de garder le nom d'écu. Mais le chancelier Kohl l'a trouvé trop français. Le nom «euro» a donc été adopté par les 15 pays de l'UE au sommet de Madrid, en décembre 1995. C'est un nom qui peut se prononcer facilement dans toutes les langues (avec de légères différences de prononciation: youro, éhouro, evro...).

Pourquoi une période de transition de trois ans?

Les Quinze ont estimé qu'il fallait laisser le temps aux Européens de se préparer à utiliser l'euro. Il faut aussi prendre le temps de fabriquer la nouvelle monnaie. Il existe actuellement 12 milliards de billets et 70 milliards de pièces dans l'Union Européenne.

Que se passera-t-il en 2002?

Durant une période maximale de six mois, les monnaies nationales seront progressivement retirées de la circulation. Les francs et les euros circuleront donc parallèlement. En pratique, l'opération devrait durer six à huit semaines. Le gouvernement entend mettre le paquet dès le début de l'année pour que tout se passe le plus vite possible. Dès la fin de l'année 2001, les billets et les pièces en euros seront distribués auprès des banques et mis à la disposition des commerçants, sous forme de fonds de caisse standardisés.

> *Les prix seront-ils les mêmes dans tous les pays?*
>
> Non, les prix ne seront pas les mêmes dans tous les pays, chacun ayant des économies différentes. Cependant, la monnaie unique devrait permettre une certaine harmonisation des prix.

Task 1

Répondez aux questions suivantes.

(a) Quels sont les membres de l'Union Européenne qui ne participent pas à l'euro? (4)

(b) Pourquoi a-t-on adopté le nom 'euro' pour la monnaie unique européenne? (2)

(c) Quelles raisons sont données pour une période de transition avant que l'euro soit utilisé de manière générale? (2)

(d) Quand les billets et les pièces en euro seront-ils distribués auprès des banques? (2)

(e) Les prix seront-ils les mêmes dans tous les pays de l'Union Européenne? Expliquez pourquoi. (2)

Answers

(a) La Grèce (1), le Danemark (1), la Suède (1), le Royaume-Uni (1).

(b) Se prononce facilement (1) dans toutes les langues (1).

(c) Permet aux Européens de se préparer à utiliser l'euro/la nouvelle monnaie (1); il faudra du temps pour fabriquer l'euro (1).

(d) Dès la fin (1) de l'année 2002 (1).

(e) Non (1). Tous les pays ont des économies différentes (1).

(a) Make sure you include 'la Grèce' (Greece).

(b) It is important to include 'dans toutes les langues'. Resist the temptation to mention Chancellor Kohl's objection to the name 'écu' as this is not actually a reason why the name 'euro' was chosen.

(c) You could rephrase these answers, e.g. Les Européens devront s'habituer à l'euro/à la nouvelle monnaie.

(d) 'Dès la fin' ('from the end') should be included to gain full marks.

(e) Listen carefully and you should not find this too difficult.

Task 2

Remplissez les blancs de ce résumé. Choisissez un verbe dans la liste fournie. Mettez-le dans la forme correcte.

Actuellement onze états membres **(a)**... à l'euro. Pour y participer il faut qu'ils **(b)**... certains critères. Le nom 'euro' a été **(c)**... par les 15 en décembre 1995. On a **(d)**... que l'un des avantages de l'euro à l'avenir **(e)**... l'harmonisation des prix dans l'UE.

participer	être	remplir
choisi	estimer	

Answers

(a) participent   **(b)** remplissent   **(c)** choisi   **(d)** estimé   **(e)** sera

You have to complete two tasks, i.e. to select the correct verb and then to put it into the correct form.

(a) 'Actuellement' ('at the moment') should help you to realise that the verb should be in the present tense.

(b) The verb is in the present subjunctive, after 'il faut qu'ils…'.

(c) The past participle is required after 'a été…'.

(d) The past participle is necessary after 'On a…'.

(e) 'A l'avenir' indicates that the verb should be in the future tense.

L'automobile dans la vie des Français

Topics covered: aspects of society; pollution; transport, travel and tourism; daily life
Question types: • Complete sentences by selecting one of three endings.
              • Complete a summary of an interview by filling in blanks with words selected from a list.
              • Locate in the text the equivalents of given words.

Ecoutez cette interview avec un enquêteur sur la place de l'automobile dans la vie des Français.

Interviewer: On a prédit le déclin de l'automobile. Pourtant les Français semblent l'utiliser de plus en plus. Comment expliquez-vous ceci?

Enquêteur: Les aides gouvernementales dans plusieurs domaines ont encouragé cet usage. Les prix des voitures et des carburants sont toujours relativement avantageux. Pour se déplacer surtout entre les zones périphériques et les centres des villes l'automobile est préférable à d'autres moyens de transport parce que c'est rapide et c'est flexible. On est aussi à l'abri par rapport à l'extérieur.

Interviewer: Mais il y a aussi beaucoup d'inconvénients qui ne cessent d'augmenter.

Enquêteur: Oui, c'est vrai. Il y a davantage de bruit, de pollution et d'encombrements. Il y a en effet un paradoxe. Si on interroge les Français au sujet des dangers sur l'environnement à cause de l'usage excessif de l'automobile, ils répondent qu'ils sont prêts à faire des efforts. Mais en réalité ils n'en font pas vraiment.

Interviewer: Comment expliquez-vous cela?

Enquêteur: Il y a plusieurs raisons. Principalement la voiture vous permet de rester indépendant et autonome. Pour beaucoup la voiture est devenue une sorte de résidence secondaire. Tout en se déplaçant, on peut y vivre confortablement, y communiquer et travailler.

Interviewer: Et les transports en commun ne peuvent-ils pas résoudre les problèmes causés par l'excessif usage de l'automobile?

Enquêteur: Les enquêtes montrent que les Français voudraient utiliser davantage les transports en commun. Mais les conditions qu'ils exigent ne semblent pas pouvoir être réalisées: c'est à dire du bon service, de la rapidité, de la propreté, du confort et de la sécurité.

Task 1

Choisissez le numéro de l'expression qui convient.

(a) On a prédit que l'automobile:
   (i)   sera moins populaire chez les Français
   (ii) sera plus populaire chez les Français
   (iii) ne sera plus fabriquée en France

(b) Pour se déplacer dans les centres urbains les autres moyens de transport sont:
   (i)   plus rapides que l'automobile
   (ii) plus confortables que l'automobile
   (iii) moins flexibles que l'automobile

(c) L'usage excessif de l'automobile:
- (i) entraîne davantage de pollution
- (ii) est fatigant
- (iii) est interdit

(d) En conduisant une voiture on a l'impression:
- (i) de marcher très vite
- (ii) d'être enfermé
- (iii) d'être chez soi

(e) Les Français utiliseraient les transports en commun s'ils:
- (i) n'étaient pas trop rapides
- (ii) étaient plus propres
- (iii) étaient plus élégants

Answers

(a) i   **(b)** iii   **(c)** i   **(d)** iii   **(e)** ii

(a) To answer this correctly you must understand the first part of the sentence: 'On a prédit' = 'It has been predicted'. You will probably rule out (iii) immediately because it is a very remote possibility.

(b) It is certainly implied throughout the interview that urban public transport is neither faster nor more comfortable than the car. It is certainly less flexible. Make sure you make the correct distinction between 'plus' and 'moins' when used in context. They are often used in tests such as this one.

(c) You should have no problem in ruling out (iii). This idea is not found in the text and anyway it is extremely unlikely. However, the answer to the interviewer's second question is 'Il y a davantage de…pollution', referring back to the increased use of cars in cities. Therefore (i) is the correct answer.

(d) Part (iii) is obviously the correct answer: the person interviewed says, among other things, that the car has become 'une résidence secondaire'.

(e) Part (ii) seems to be a safe choice. (i) is not stated in the interview, neither is (iii), which seems unlikely anyway.

Task 2

Faites le résumé de l'entretien en remplissant les blancs. Choisissez un mot de la liste fournie.

Bien qu'on **(a)**… prédit le **(b)**… de l'automobile, les Français l'utilisent de plus en plus, surtout pour **(c)**… entre les **(d)**… et les centres des villes.

En conséquence il y a une **(e)**... du taux de **(f)**..., de bruit et d'encombrements.

Selon les **(g)**... les Français voudraient utiliser davantage les **(h)**... en commun. Ils prétendent que leurs exigences concernant le bon service, la rapidité, la propreté et la **(i)**... ne peuvent pas être **(j)**....

banlieues   pollution   ait   éalisées   déclin
se déplacer   transports   sécurité   augmentation   enquêtes

Answers

(a) ait   **(b)** déclin   **(c)** se déplacer   **(d)** banlieues   **(e)** augmentation
(f) pollution   **(g)** enquêtes   **(h)** transports   **(i)** sécurité   **(j)** réalisées

Here the interview has been turned into a continuous piece of prose. Some sentences have been re-formed and some words have been used in other forms, e.g. 'augmenter' (verb) becomes 'augmentation' (noun).

(a) 'Ait' is the present subjunctive of 'avoir'. The subjunctive is used after 'bien que' ('although').

(b) The word 'déclin' appears in the interview.

(c) 'Se déplacer' also appears in the interview.

(d) 'Banlieues' is a close equivalent of 'zones périphériques'. You have to place it in context as it does not appear in the original text.

(e) 'Augmentation' is used rather than 'augmenter', to correspond with the re-formed text.

(f) 'Pollution' is the one word of the series given in the interview which is not included in the summary.

(g) 'Enquêtes' appears in the text, but not after the word 'selon'.

(h) Again, 'sécurité' is the one word that is left out from the list in the interview.

(i) 'Réalisées' is a past participle and should be recognised if you have a good knowledge of the passive.

Task 3

Trouvez dans le texte l'équivalent des mots ou des expressions suivants.
(a) diminution   **(c)** souple   **(e)** obstacle   **(g)** extrême
(b) sphère   **(d)** à couvert   **(f)** libre   **(h)** assurance

Answers

(a) déclin (b) domaine (c) flexible (d) à l'abri (e) inconvénient
(f) autonome (g) excessif (h) sécurité

Comment préparer le cassoulet?

Topics covered: food, diet and health; daily life; food and drink
Question types: • Questions and answers in French.
• Identifying an ingredient from the action used in preparation.

Ecoutez cette recette d'un plat traditionnel, le cassoulet.

On fait fondre le beurre dans une casserole et on y met l'ail et les tomates. A feu très doux, on fait une espèce de coulis de tomates. On y jette les flageolets et la graisse d'oie, on tourne bien, pour que tout se mélange, et on laisse cuire le tout, toujours à feu doux. On découpe la saucisse de Toulouse en tranches épaisses, on la flambe à l'armagnac, pour lui donner un peu de goût et du craquant, et puis on la rajoute à la casserole. On fait revenir le confit d'oie dans une casserole à part, pour faire tomber toute la graisse et pour le faire dorer, et au dernier moment on le jette dans le cassoulet pour qu'il prenne un peu de goût. Assaisonnez à volonté. Puis on laisse reposer le cassoulet un peu pour que chaque chose s'imprègne de l'autre et ensuite on sert le tout — et c'est délicieux.

Avec le cassoulet on fait une salade verte avec des petits croûtons, du persil, de l'huile d'olive et des petits morceaux de gésiers confits, et on boit un vin rouge bien fort, un Fitou ou un des bons vins de Carcassonne.

(FRENCH REVIEW Vol. 1, No. 3, April 1996)

Task 1

Répondez aux questions.
(a) Nommez cinq ingrédients. (5)
(b) Que fait on pour commencer? (3)
(c) Avec quoi le cassoulet sera-t-il servi? (1)
(d) Quel genre de vin est recommandé pour accompagner le cassoulet? (1)

Answers

(a) Five from the following: tomates, ail, beurre, flageolets, graisse d'oie, saucisse, armagnac, confit d'oie, sel.

(b) On fait fondre (1) le beurre (1) dans une casserole (1).

(c) Salade verte (1).

(d) Un vin rouge bien fort (1).

Task 2

De quel ingrédient s'agit-il?
(a) On le fait fondre.
(b) On en fait un coulis.
(c) On la découpe en tranches épaisses.
(d) On le fait revenir dans une casserole à part.

Answers

(a) beurre   (b) tomates   (c) saucisse   (d) confit d'oie

Combattre ou intégrer les drogues?

Topics covered: aspects of society; health; social issues; law and justice
Question types: Select from nine statements four that are false.

Ecoutez ce reportage sur les drogues.

> Demain à Paris se tiendra un colloque intitulé: 'combattre ou intégrer les drogues'. Ce colloque a été initié par l'Hôpital Marmottan, centre d'accueil des toxicomanes. On y défend une position opposée aux positions officielles françaises. Depuis 1970 la France applique une loi qui criminalise toute consommation de stupéfiants, tandis que progressivement les pays européens dépénalisent franchement ou tolèrent ouvertement l'usage des drogues douces.
>
> La France reste ferme sur les principes, mais dans la pratique les juges sont plus souples depuis la circulaire 1998 qui leur recommandait de concentrer leurs efforts sur le trafic.

Dans l'esprit des jeunes, le cannabis n'est plus à dépénaliser ou à interdire: 'il fait pleinement partie du paysage'.

(*France Info*, 11/10/00)

Task

Trouvez les quatre phrases qui sont fausses.
(a) La position de l'Hôpital Marmottan vis-à-vis des drogues est pareille à celle du gouvernement.
(b) Toute consommation des stupéfiants est interdite en France.
(c) Tous les autres pays européens ont dépénalisé l'usage des drogues douces.
(d) De plus en plus de pays européens tolèrent l'usage des drogues douces.
(e) Les juges sont devenues plus sévères depuis la circulaire 1998.
(f) La circulaire 1998 jugeait plus important le trafic des drogues.
(g) Les jeunes sont contre la dépénalisation du cannabis.
(h) Selon les jeunes le cannabis fait partie de la vie.
(i) Dans ce reportage il ne s'agit pas des drogues dures.

Answers

(a), (c), (e), (g)

This is quite a difficult task. Every statement has to be examined carefully against the appropriate section in the text.

(a) The appropriate section of the text is: 'On y défend ('y' = at the hospital) une position opposée aux positions officielles françaises.' It is therefore clear that statement (a) is false.

(c) In the text it is stated that 'progressivement les pays européens dépénalisent…l'usage des drogues douces'. They have not *all* decriminalised them.

(e) The appropriate section is 'les juges sont plus souples'.

(g) This is clearly false, as shown by the last paragraph of the text.

Arrêt de travail à Nice

Topics covered: transport, travel and tourism; business and industry, human interest news item; world of work

Question types: Questions and answers in French.

Ecoutez ce reportage d'un arrêt de travail à Nice.

Aucun autobus ne circulait jeudi matin à Nice à la suite d'un arrêt de travail des conducteurs, provoqué par l'agression mercredi vers 19h15 d'un chauffeur.

Un homme lui a donné un violent coup de bouteille sur la tête. L'inconnu a disparu avec environ 500F en liquide et des tickets d'une valeur totale de 1000F. La victime n'a pas été hospitalisée mais bénéficie de dix jours d'arrêt de travail.

Task

Répondez à ces questions.
(a) Qui a été agressé?	(1)
(b) Quand l'agression a-t-elle eu lieu?	(2)
(c) Donnez les détails de l'agression.	(2)
(d) L'agresseur qu'a-t-il pris?	(3)
(e) De quoi la victime bénéficie-t-elle?	(2)

Answers

(a) Chauffeur d'autobus (1)

(b) Mercredi (1) vers/à 19h15/7h15 du soir (1)

(c) Coup de bouteille (1) sur la tête (1)

(d) 500F (en liquide) (1); tickets (1) d'une valeur de 1000F (1)

(e) Dix jours (1) d'arrêt de travail (1)

Les Français et les sports d'hiver

Topics covered: aspects of society; leisure; transport, travel and tourism; travel, transport and holidays

Question types: Select the correct information from a choice of three.

Ecoutez cet extrait d'une interview avec un enquêteur sur les vacances d'hiver en France.

Interviewer: Quel pourcentage de Français prend des vacances d'hiver et à quelle époque?

Enquêteur: 37% prennent des vacances d'hiver entre le premier octobre et le 31 mars.

Interviewer: De quelle partie de la France viennent–ils?

Enquêteur: De partout mais ce qui est intéressant c'est que 30% des skieurs sont originaires du Bassin parisien.

Interviewer: Est-il possible de distinguer un vacancier à la neige typique?

Enquêteur: Oui, en effet. D'après notre enquête il a entre 25 et 50 ans. Il est plutôt masculin et aisé.

Interviewer: Y a-t-il des stations préférées des vacanciers?

Enquêteur: Oui, bien sûr. Mais il faut noter que 30 stations, la plupart en région Rhône-Alpes, captent les trois quarts des skieurs.

Interviewer: Dites-moi, le nombre de vacanciers à la neige continue-t-il à augmenter?

Enquêteur: Non, c'est le contraire. Le pourcentage de Français qui prennent des vacances d'hiver baisse depuis 5 ans.

Task

Dites laquelle des réponses est correcte en écrivant la bonne lettre.

(a) Pourcentage des Français qui prennent des vacances d'hiver:
  - (i)   47%
  - (ii) 27%
  - (iii) 37%

(b) Le profil du vacancier à la neige typique:
  - (i)   pas plus de 25 ans, masculin et riche
  - (ii) age moyen d'environ 37 ans, masculin sans soucis financiers
  - (iii) d'un certain âge, masculin et très riche

(c) Trente stations attirent:

    (i)   environ une moitié des skieurs

    (ii) deux tiers des skieurs

    (iii) trois quarts des skieurs

(d) Au cours des 5 dernières années le nombre de Français qui prennent des vacances d'hiver:

    (i)   a baissé

    (ii) a augmenté

    (iii) n'a pas changé

Answers

(a) iii   **(b)** ii   **(c)** iii   **(d)** i

(a) Note that all three possible answers contain a '7'. Listen very carefully for the correct answer.

(b) This is more tricky than (a). Only one of the answers is a complete profile.

(c) To arrive at the correct answer you have only to listen carefully.

(d) Be careful! 'Augmenter' is mentioned by the interviewer in the question, but 'baisser' is used in the answer.

The world of work (OCR)

This paper has been given a section to itself as it consists of a complete sequence of tasks based on a single situation. Dividing the tasks into separate skill areas would destroy their interdependence. The skills practised in this paper are listening, reading and writing.

All of the tasks, taken on their own, could form part of a paper for any of the examining bodies' exams.

Topics covered: education, training and employment; business and industry; world of work

Question types:
- Write notes in French from a telephone answer machine message by completing sentences.
- Write in English the main points of a passage in French.
- Write in French the main points of a letter in English.

Task 1

Vous faites un stage chez un marchand de vins à Bordeaux. Votre patronne, Madame Ghislaine Printemps, vous a demandé d'écrire à un propriétaire d'un vignoble du Médoc concernant les prix et la qualité de leurs vins.

En arrivant au bureau vous avez trouvé un message sur le répondeur. Ecoutez ce message puis complétez les notes qui suivent en **français**, en utilisant vos propres mots. La qualité de votre français sera notée, ainsi que votre compréhension du texte.

Transcript of message

Ici la secrétaire de Monsieur Lalande. Au sujet de votre lettre du premier mars où vous avez demandé les prix des vins du nouveau millésime il faut que je vous demande quelques renseignements et que je vous indique quelques problèmes.

D'abord des renseignements. Voulez-vous que je vous envoie les prix de tous nos vins? Si c'est le cas je peux vous envoyer notre brochure où vous trouverez les prix en gros et en détail. Vous y trouverez également une courte description de chaque vin.

Maintenant les problèmes. En ce qui concerne le nouveau millésime, pour le moment les prix des meilleurs vins sont provisoires. Je peux vous envoyer, si vous le voulez, une liste des prix mais ceux-ci peuvent changer avant que nous les livrions en automne. Il y a un deuxième problème. Les stocks de notre réserve spéciale de cette année sont strictement limités. Je vous conseille de passer votre commande aussitôt que possible.

Si vous avez d'autres renseignements à demander vous n'avez qu'à me téléphoner entre dix heures et onze heures et demie. Merci.

Questions

(a) Date de la lettre envoyée à Madame Lalande (1)
(b) Sujet de la lettre (3)
(c) Proposition de la secrétaire de Madame Lalande (2)
(d) Premier problème (3)
(e) Deuxième problème (3)
(f) Conseil de la secrétaire de Madame Lalande concernant la réserve spéciale (2)
(g) Les heures où il est convenable de téléphoner (2)

Answers

(**a**) Premier mars (1).

(**b**) Prix (1) du nouveau (1) millésime (1).

(**c**) Demander des renseignements (1); indiquer problèmes (1).

(**d**) Prix (1) du nouveau millésime (1) provisoire (1).

(**e**) Réserve spéciale (1) de cette année (1) limitée (1).

(**f**) Passer des commandes (1) aussitôt que possible (1).

(**g**) 10.00 (1) jusqu'à 11.30 (1).

The instructions tell you to write notes, so you should keep your answers as short as possible, as long as they convey adequately the detail required. For (a), just the date is needed and for (g) just the times because the question explains what they refer to. Try to make the remaining answers fit in with the questions. For example, the answer to (f) should begin with an infinitive 'passer' to fit in with 'le conseil de la secrétaire', which if completed would give: '…est de passer des commandes aussitôt que possible.'

Task 2

Voici un extrait de la brochure envoyée par la secrétaire de Madame de Lalande. Votre patronne vous a demandé de le traduire en **anglais** pour informer ses clients des vins de la région. Vous devez fournir tous les détails de l'extrait sans nécessairement le traduire mot à mot. Attention: si votre anglais n'est pas clair, ou s'il est incorrect, vous perdrez des points.

Le transport de vin
Une fois résolu le problème du choix des vins, il faut les transporter. Le transport de vins de qualité impose quelques précautions et obéit à une réglementation stricte.

Qu'on le transporte soi-même en voiture ou qu'on utilise des services d'un transporteur, le gros de l'été et le cœur de l'hiver ne sont pas favorables au voyage du vin.

Il faut préserver le vin des températures extrêmes, surtout des températures élevées qui ne l'affectent pas temporairement mais définitivement, quels que soient sa couleur, son type et son origine.

Arrivé à domicile, on déposera tout de suite les bouteilles en cave.

Château Bridvoisin

Portant le nom du fermier-général de Louis XVI qui était propriétaire en 1785, ce château est l'un des bijoux architecturaux du dix-septième siècle. Cette propriété mérite bien une halte sur la route des vins du Médoc. Sa réserve spéciale est réservée aux amis et aux clients de longue durée. Les commandes sont limitées à une douzaine de bouteilles par client. Ce vin charme par ses arômes de fruits cuits.

Answers

Advice on transporting wines

Once you have selected your wines you have to ship them. A strict set of rules should be adhered to when shipping fine wines. Whichever means you use — car, transporter — avoid the height of summer or the middle of winter. Extreme temperatures should be avoided, especially high ones, which can affect any type of wine permanently, whatever the colour of wine. As soon as you arrive home, put the wine in the cellar.

Château Bridvoisin

This château, named after Louis XVI's tax collector, who owned it in 1785, is one of the architectural gems of the seventeenth century. The property is worth a visit. Its *réserve spéciale* is kept for friends and long-standing customers and orders are limited to a dozen bottles per customer.

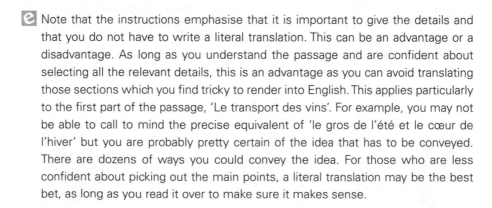 Note that the instructions emphasise that it is important to give the details and that you do not have to write a literal translation. This can be an advantage or a disadvantage. As long as you understand the passage and are confident about selecting all the relevant details, this is an advantage as you can avoid translating those sections which you find tricky to render into English. This applies particularly to the first part of the passage, 'Le transport des vins'. For example, you may not be able to call to mind the precise equivalent of 'le gros de l'été et le cœur de l'hiver' but you are probably pretty certain of the idea that has to be conveyed. There are dozens of ways you could convey the idea. For those who are less confident about picking out the main points, a literal translation may be the best bet, as long as you read it over to make sure it makes sense.

Task 3

Votre patronne vous passe cette lettre envoyée par un client anglais qui est marchand de vins à Londres. Vous devez lui fournir tous les détails de la lettre en **français**, sans la traduire mot à mot.

Dear Madame Printemps,

I will be spending about 3 weeks in the Bordeaux region later this summer.
While I am there I want to visit some of the smaller producers of Médoc wine.
Do you think you could arrange for me to visit about ten petits châteaux which
you can recommend?

I would be grateful if you could send me an itinerary with distances and visiting
dates.

I will be in the region between 20 August and 9 September.

I look forward to hearing from you.

Yours sincerely

(John Merry)

Specimen answer

Madame Printemps

Plus tard cet été je passerai environ trois semaines dans le Bordelais. Pendant mon
séjour je voudrais visiter quelques-uns des petits châteaux du Médoc. Pourriez-vous
m'arranger une visite à une dizaine des châteaux que vous recommandez?

Auriez-vous la gentillesse de m'envoyer un itinéraire avec les distances et les dates des
visites?

Je serai dans la région entre le 20 août et le 9 septembre.

J'attends votre réponse avec impatience.

Je vous prie d'agréer, Madame Printemps, l'expression de mes sentiments les meilleurs.

(John Merry)

e As with Task 2, you do not have to provide a literal translation, but just to convey
the main points.

*T*his section contains the following:
- notes on assessment
- an example of a **general conversation**, followed by the examiner's comments
- two **presentations**, the first on a general topic with a discussion, followed by the examiner's comments, the second based on a literary text with a discussion, followed by the examiner's comments
- an example of a **discussion based on a written stimulus**, with the examiner's running commentary
- an example of a **role-play based on a written stimulus**

A summary of the awarding bodies' descriptions of good and poor performances

Features of a good performance	Features of a bad performance
When required, information is supplied in a clear, coherent and logical way.	When required, little or no substantial information is supplied.
Language is clear and accurate.	Language is full of serious errors.
A good flow is maintained.	There is a lot of hesitancy.
Responses are prompt.	The candidate relies heavily on the examiner in the exchange.
There is a meaningful exchange of information and ideas.	Responses are slow.
The candidate sometimes takes the lead in the exchange.	Language is restricted.
A variety of linguistic structures is used.	
The appropriate vocabulary is readily used.	

Example 1

General conversation

The view that the general conversation part of the speaking test is the easiest, deriving from its similarity in format to the GCSE test, is ill-founded. It involves much more than the candidates relaying facts and making narrative-type statements about themselves or others. The examiner is seeking personal reactions and ideas, independent development of opinion with justifying reasons, and the ability to argue and counter challenges to opinions presented.

Specimen general conversation

Examiner: Qu'est-ce que vous étudiez ici?
Candidate: (hesitation)

Examiner: Quelles matières étudiez-vous?
Candidate: Le commerce, l'anglais et le français.

Examiner: Le commerce, le trouvez-vous intéressant?
Candidate: Oui, c'est un sujet qui m'intéresse parce que le commerce est important pour l'économie et pour mon avenir.

Examiner: Que faites-vous pendant les cours de commerce?
Candidate: On apprend les prix comment compter...je ne sais pas en français.

Examiner: La comptabilité?
Candidate: Oui.

Examiner: Quelle matière trouvez-vous la plus difficile?
Candidate: Le français. La grammaire est très difficile.

Examiner: Et en anglais quels textes avez-vous étudiés?
Candidate: *Sons et Lovers, Roméo et Juliette, Hamlet.*

Examiner: Avez-vous vu une pièce de Shakespeare au théâtre?
Candidate: Oui à Stratford.

Examiner: Racontez-moi ça.
Candidate: J'ai vu *Hamlet* et *Otello.*

Examiner: Et quelle est votre pièce préférée?
Candidate: *Hamlet.* C'est très intéressant et j'aime les caractères.

Examiner: Et quand vous l'avez vue à Stratford qu'est-ce qui vous a frappé le plus?
Candidate: Les acteurs jouaient très bien et les costumes étaient merveilleux.

Examiner: C'était exactement comme vous l'avez imaginé?
Candidate: Exactement.

Examiner: Vous avez voyagé un peu?
Candidate: Oui, au Portugal et aux Etats-Unis.

Examiner: Qu'est-ce que vous avez fait au Portugal?
Candidate: C'étaient des vacances.

Examiner: Vous avez une impression des Américains?
Candidate: Ils sont gentils et sympathiques. Ils aiment s'amuser.

Examiner: Est-ce que vous avez des opinions sur le mariage? Est-ce que vous croyez que c'est une bonne institution?
Candidate: Le mariage est très important. Il est nécessaire pour les enfants.

e The examiner starts with an easy question. Since the candidate hesitates to reply, the question is rephrased to help her get off to a good start. Then the examiner selects one of the subjects mentioned. Another easy question is asked. The candidate wisely does not answer just 'yes' or 'no', but goes on to give two reasons for studying the subject. She uses 'le sujet', which is a common error.

As a consequence of the candidate's offering reasons for studying commerce, the examiner decides to pursue the topic and asks her about the lessons. Although the question allows the candidate to choose from a variety of answers, the reply is uncertain. The examiner has to help her out, as she does not have the necessary vocabulary to answer the question satisfactorily.

The examiner now broadens the discussion but still asks an easy question in view of the candidate's apparent lack of confidence. The examiner is hoping that the candidate will be more successful with questions on English literature. She gives some information about the visit to Stratford.

The examiner decides that another change of topic might help the candidate, so now the subject of travel is introduced, in the hope that this might raise the level of the conversation. This is partially achieved because the candidate offers some personal opinions, which are simply but effectively phrased.

The topics change again when the examiner, trying to raise the level of conversation, introduces a different, more abstract theme.

Presentations

The presentation and discussion of a topic is one of the main tests in all of the exams. You are allowed a lot of scope as regards the selection of your topic. You should consult your exam board's specifications and your teacher before making your choice. Of the two specimen presentations that follow, one is on a topic taken from the general topic areas, and one is on a literary text.

Make sure the title of your presentation (a) is clearly focused and (b) lends itself to a discussion during which you can provide opinions and information. Consult your teacher again before finalising the title.

Make sure:
- you have or can obtain suitable documentation
- you do not spend too much time on research (remember this is only one part of your exam)

Again, consult freely those who are in a position to give you appropriate advice and information.

Specimen presentation 1

General topic area: transport, travel and tourism

Presentation: 'Les transports et l'environnement'

En France, comme dans d'autres pays développés, les carburants d'origine minérale, que ce soient benzol, essence, gazole, kérosène, sont nécessaires pour le fonctionnement de la plupart des activités nationales. Pourtant nous devenons de plus en plus conscients des mauvais effets des gaz carboniques qu'émettent les véhicules employant cette sorte de carburants: pollution atmosphérique, effets nocifs sur notre santé et la dégradation de l'environnement.

Bien sûr il en résulte un grand conflit. D'un côté il est absolument nécessaire de transporter des marchandises et on a besoin de se déplacer. De l'autre côté il y a les effets déjà mentionnés qui sont bien évidents et les conséquences à long terme. Parmi celles-ci il y a le réchauffement de l'atmosphère et les changements climatiques.

Est-il possible de résoudre ce conflit? Sur le plan pratique les responsables en France ont investi de grandes sommes d'argent dans le développement des transports en commun pour encourager les gens à s'en servir plutôt que de leur propre voiture. En plus on a fait de grands efforts en France pour développer et pour construire des véhicules qui emploient l'électricité et les carburants à l'origine végétale comme l'éthanol.

Parmi ces initiatives on peut citer la renaissance du tramway dans les grandes villes, le réseau ferroviaire de grande vitesse où les trains (les TGV) sont exclusivement électriques et la voiture électrique.

Néanmoins il faut constater que, jusqu'à présent, la voiture à essence domine les rues des villes et les grandes routes de France. La plupart des gens préfèrent le confort, la rapidité et l'espace privé de ce moyen de transport.

Discussion

(This is an outline only. In this section some possible questions and answers are given. The answers are designed so that they can be expanded on by the candidate.)

Examiner: Vous avez mentionné les effets nocifs sur la santé. Voulez-vous m'en citer quelques-uns?

Candidate: Les gaz émis par les véhicules à essence affectent surtout ceux qui souffrent des maux respiratoires par exemple les asthmatiques.

Examiner: Vous avez parlé de la dégradation de l'environnement. De quelle manière est-il dégradé par les transports?

Candidate: A part la pollution atmosphérique, il y a aussi la pollution sonore. Les tramways modernes font si peu de bruit qu'on pourrait les catégoriser comme silencieux.

Examiner: Dans quelles villes se trouvent ces tramways?

Candidate: Il y a des lignes de tramway dans certaines banlieues parisiennes et il y en aura dans toutes les grandes agglomérations avant l'an 2010.

Examiner: A votre avis est-il possible de réduire suffisamment l'usage des carburants d'origine minérale pour renverser les effets nocifs dont vous avez parlé?

Candidate: Si on peut persuader tous les pays du monde et surtout les Etats-Unis de changer complètement leur attitude en ce qui concerne l'usage des carburants à l'origine minérale, je dirais que l'avenir est bon.

Presentation: 'Les transports et l'environnement'

This is a good title. It is on transport, which is an enormous subject on its own, but it is narrowed down, enabling the candidate to concentrate on specific aspects.

The presentation should take up the $1\frac{1}{2}$ to 2 minutes prescribed in the examining boards' specifications. The main points are clearly laid out and provide plenty of scope for development in the discussion.

Much of the main vocabulary has been included and it is well integrated. The presentation is well structured, concise and clearly expressed. Both sides of the argument are presented.

Discussion

The examiner's first two questions take up points made in the presentation. The candidate responds well, substantiating a general point with factual knowledge. The examiner is testing knowledge in the third question. The fourth question requires in response an opinion backed up by facts. The answer is good and invites the examiner to join in the discussion.

Specimen presentation 2

A literary text: *Thérèse Desqueyroux* (by François Mauriac)

Presentation: 'Pourquoi Thérèse a-t-elle empoisonné Bernard?'

Il est impossible de savoir au juste pourquoi Thérèse a empoisonné son mari. A mon avis son acte n'a pas été dicté par les mobiles familiers: jalousie, haine, passion, avarice. Bernard n'a pas été infidèle, il n'a pas maltraité Thérèse, celle-ci n'était pas amoureuse d'un autre et, malgré ce que disait Madame de la Trave, Thérèse n'avait pas de desseins sur les biens de son mari.

Alors qu'est-ce qui a poussé Thérèse à empoisonner Bernard? Dans les huit premiers chapitres elle cherche elle-même les mobiles de son crime. Elle se croit obligée d'examiner sa conscience car elle regrette son crime. Depuis son adolescence elle se rend compte qu'elle est différente des autres jeunes filles de son milieu. Par exemple Anne de la Trave adore la chasse qui lui est répugnante. Son mariage avec Bernard est une alliance entre deux familles qui sont propriétaires des landes. Pendant les fiançailles Thérèse semble contente de son sort. C'est le jour de son mariage qu'elle se rend compte qu'elle n'est plus maîtresse de son sort. Cette réalisation est renforcée par ses expériences au cours du voyage de noces. De retour dans son pays elle attend son bébé chez ses beaux-parents. Après la naissance de sa fille elle souffre de son isolement. C'est par pure chance que lui vient l'idée d'empoisonner Bernard. Ce n'est point au moins au début un acte prémédité.

A mon avis Thérèse cherche désespérément à sortir de 'la cage' où elle se sent enfermée. C'est par curiosité d'abord qu'elle donne à Bernard des doubles doses du traitement Fowler. Puis il est presque certain qu'elle fait le projet d'empoisonner Bernard en lui donnant des poisons qu'elle a fait venir de la pharmacie.

Discussion

Examiner: Vous avez dit que Thérèse n'était pas amoureuse de quelqu'un d'autre. N'aimait-elle pas Jean Azévédo?

Candidate: Elle était attirée par lui à cause de son intelligence et du monde qu'il représentait. Il lui a révélé qu'elle n'était pas comme les autres membres de la société landaise et qu'elle trouverait à Paris une vie qui lui conviendrait mieux.

Examiner: Thérèse éprouvait de la répugnance pour Bernard. Ne croyez-vous pas que ce soit un mobile suffisant pour qu'elle le tue?

Candidate: Pour une femme autre que Thérèse peut-être. Pourtant elle était sûre d'elle. Elle n'avait pas peur de Bernard et, qui plus est, il reconnaissait et même redoutait sa supériorité dans plusieurs domaines.

Examiner: Quels sont les facteurs qui ont contribué à l'isolement de Thérèse dont vous avez parlé dans votre présentation?

Candidate: Elle vient d'avoir un bébé. Elle s'ennuie. Le silence des landes l'accable. Jean Azévédo vient de partir pour Paris. Il n'y a personne d'autre qui partage ses intérêts. Elle sent que son sort est décidé. Désormais elle doit suivre le code de la bourgeoisie landaise. Elle est bien enfermée dans sa cage.

e Presentation: 'Pourquoi Thérèse a-t-elle empoisonné Bernard?'

The title contains the potential for a good discussion. It also requires the candidate to look closely at the text. The examiner will ask questions that will test the candidate's knowledge of the text.

The candidate has made a statement at the beginning of the presentation which requires an explanation. This is well managed. In the last paragraph the candidate reveals good knowledge of the background to the criminal act. Again, this presentation is concise and clear.

Discussion

The examiner's first question picks up a statement made by the candidate at the beginning of the presentation. The candidate gives a plausible answer which also reveals good factual knowledge. The examiner's last question requires a longer answer and one which tests the candidate's factual knowledge of the text. The answer is concise but full. It also provides the examiner with considerable scope to open up the discussion.

Example 3

Discussion based on a stimulus containing pictures and text

QUOI FAIRE A BANFF

GONDOLE DE SULPHUR MOUNTAIN A BANFF

- *Seulement à quelques minutes du centre-ville*
- *Vue spectaculaire des montagnes et de la terrasse d'observation*
- *Sentiers de randonnée pédestre au sommet*
- *Boutique de cadeaux et casse-croûte*

RESTAURANT PANORAMIQUE AU SOMMET

- *Repas sans prétention servis au sommet du monde; vue d'un million de dollars incluse*

Ouvert tous les jours jusqu'au 2 novembre 2001
(réouverture: printemps 2002)
Pour obtenir l'horaire: 762-5438 (LIFT)

banff lifts ltd. B.P. 1258-BT, Banff, (AB) T0L 0C0
Tél.: (403)762-2523 Fax: (403)762-7493

Télésiège et gondole panoramiques de LAKE LOUISE

Vues spectaculaires de Lake Louise et du parc national

- Idéal pour les familles
- Repas spéciaux: petit déjeuner, déjeuner et dîner
- Centre de la nature Whitehorn: sentier d'interpretation de la nature

Ouvert tous les jours du 1er juin au 15 Sept.

Du 1er au 15 juin   9 h à 18 h
Du 16 juin au 1er sept. 9 h à 21 h
Du 2 au 15 sept.   9 h à 18 h

Le restaurant et la boutique de cadeaux ouvrent $\frac{1}{2}$ heure après les remontées et ferment $\frac{1}{2}$ heure avant les remontées.

Laissez-passer illimité d'une journée complète:
- Adulte 9.50$
- Aîné/Etudiant 8.50$
- Enfant (6 à 16) 6.50$
- Enfant de 5 ans et moins: gratuit

A 5 minutes du village de Lake Louise

Questions for guidance

(a) De quoi s'agit-il?
(b) A qui cette publicité s'adresse-t-elle?
(c) Est-ce que vous aimeriez faire un séjour dans les Rocheuses canadiennes?
(d) A votre avis quelle est l'importance des vacances?

Read the text carefully and study the pictures. You have plenty of time. Use the questions on the card to work out what sort of questions the examiner will ask you and what topic areas will come up in the course of the discussion.

Where possible, expand your answer: try not to limit it to 'yes' or 'no'. As in all other speaking tasks involving a discussion, grasp the opportunity when it arises to take the lead. The examiner will provide you with questions that allow you to extend your answers.

The questions above are on the candidate's card along with pictures and text (opposite). They are reproduced below together with a running commentary followed by suggested candidate answers.

Examiner: De quoi s'agit-il?
(This is an easy question, designed to give the candidate a starting-point. In addition, the construction of the question can be used in the answer.)

Candidate: Il s'agit d'une publicité pour un téléphérique dans les montagnes.

Examiner: A qui cette publicité s'adresse-t-elle?
(The candidate should be wary of this question because it invites a dative construction in response to 'A qui...?' Apart from this, it should not present too many problems.)

Candidate: Elle s'adresse aux touristes et aux vacanciers qui voudraient avoir une vue spectaculaire des montagnes.

Examiner: Est-ce que vous aimeriez faire un séjour dans les Rocheuses canadiennes?
(The examiner asks a question where the answer could be a simple 'oui' or 'non', but if the candidate answers in this way the examiner is sure to add 'pourquoi'. The candidate should extend the response by giving a few reasons.)

Candidate: Oui, j'adore les montagnes. J'aime beaucoup faire des randonnées en montagne. J'ai déjà fait un séjour dans les Alpes italiennes. Je voudrais voir les Rocheuses parce que d'après ce que j'ai lu et vu à la télé elles sont spectaculaires.

Examiner: A votre avis quelle est l'importance des vacances?
(With this question the examiner broadens the discussion and the candidate is invited to give an opinion.)

Candidate: A mon avis les vacances sont très importantes. Pour beaucoup de personnes la vie de tous les jours est souvent monotone et pleine de stress. Il leur est important de changer de milieu de temps en temps. Si on passe les vacances dans un autre pays on voit un nouveau mode de vie et on peut étudier une autre culture. Tout cela peut vous faire du bien.

Role-play based on a document in English

(This is based on the OCR test.)

For this task you have a document in English (opposite), which is the stimulus for the discussion you will have with the examiner, and a candidate's sheet containing instructions on the task. Study both carefully. You have ample time to do this.

Candidate's sheet

Note to the candidate: you should begin the task by asking the two questions ((a) and (b) below). The task can then be completed in the order that you prefer. You should base your replies on the English text but sometimes you will need to use your imagination.

La situation

Vous recevez chez vous une famille française. Elle comprend les parents et deux enfants, une fille de 11 ans et un garçon de 14 ans. Pendant leur séjour, vous avez l'intention de faire quelques excursions.

La tâche

Vous avez déjà visité quelques monuments historiques et vous cherchez quelque chose de différent à faire. Vous en discutez avec le père/la mère français(e) (l'examinateur/l'examinatrice). Vous demanderez:
(a) les excursions qui seraient appréciées
(b) ce qu'ils aimeraient faire aussi pendant la journée

The Living Rainforest at Wyld Court

Bringing the rainforest to life

The Living Rainforest is an education and conservation charity devoted to raising awareness about the world's rainforests.

It does this in a unique way — by operating a 'living museum' and miniature zoological garden, which allow visitors to explore the rainforest firsthand.

A visit to The Living Rainforest is a rare and valuable opportunity to see some of the wonderful plants and wildlife that the world is losing as rainforests disappear.

The Living Rainforest is committed to providing an opportunity for as many people as possible to experience an authentic rainforest environment, without having to travel thousands of miles for the privilege.

To walk in a rainforest is to experience a different world. Every year, thousands of visitors are delighted by the sights, sounds and smells of a living rainforest environment — without leaving England.

Special interactive workshops aim to enhance and expand the visitor experience. Day, night and school tours give different perspectives on the rainforest world. Please call (01635) 202444 for a programme of events geared to all ages.

Information at a glance

- Open daily from 10am (except Christmas Day & Boxing Day)
- Wheelchair, family and baby friendly, assistance dogs welcome
- Group, Night and School Tours (please book)
- Café, Picnic Area and Venue Hire
- Free parking, coaches welcome
- Something for all ages — call (01635) 202444 for a programme of events

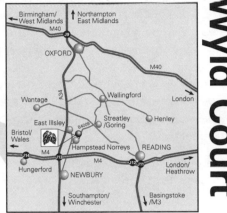

Signposted from junction 13 of the M4

PLANTS

Discover hundreds of exotic plants growing in a warm, wild jungle environment. Come back at different times of year to see the changes.

ANIMALS

See an exciting variety of small mammals, birds, reptiles, fish and insects — an introduction to the incredible diversity of rainforest life.

TOURS

Book a group, night or school tour and one of our trained guides will introduce you to the wonders of the rainforest world. Or follow our handy Trail Guide, available at reception.

SHOP AND VENUE HIRE

We offer:

- Afternoon Teas
- Tropical Plants
- Special Gifts
- Venue Hire for Functions, Meetings, Film Shoots & Children's Birthday Parties

SPECIAL EVENTS

- Children's Activity Days
- Plant Workshops & Surgeries
- Plant Sales
- Art Workshops
- Conservation Talks
- Annual Rainforest Ball, and more...

> Vous avez trouvé un dépliant au sujet de la 'Forêt Tropicale Vivante' qui se trouve près de Newbury. Vous êtes de l'avis qu'une visite à cette 'Forêt tropicale' ferait grand plaisir aux visiteurs français. Le père/la mère vous posera des questions. Vous lui expliquerez:
> - ce qu'on peut voir et faire au centre
> - où se trouve le centre et les jours et les heures d'ouverture
>
> Au cours de la conversation vous discuterez aussi:
> - de l'organisation de la journée (visite, repas, activités etc.)
> - des raisons pour lesquelles vous pensez que cette visite plairait à la famille française
>
> C'est à vous de persuader le père/la mère français(e) que cette visite serait intéressante et agréable.

Here are some questions which the examiner might ask you, with suggested answers:

Examiner: Expliquez-moi exactement ce que c'est que cette 'Forêt tropicale vivante'.

Candidate: Ce n'est pas une vraie forêt tropicale mais c'est une sorte de musée vivant où on a créé une forêt tropicale en miniature avec les plantes, les petits mammifères, les oiseaux et les insectes qu'on trouve dans une vraie forêt tropicale.

Examiner: Qu'est-ce qu'on peut y faire?

Candidate: On peut bien sûr se promener dans la forêt. On peut étudier la flore et la faune. Pour mieux comprendre il est conseillé de visiter la forêt avec un des guides qui sont spécialement entraînés.

Examiner: Est-ce qu'on peut ranger la voiture?

Candidate: Oui, il y a parking gratuit.

Examiner: Y a-t-il un restaurant?

Candidate: Je ne crois pas. Pourtant il y a un café où il est possible d'acheter des boissons et dans l'après-midi il est possible de prendre un thé anglais avec des gâteaux et du pain grillé.

Examiner: A quelle heure s'ouvre le centre?

Candidate: A partir de 10 heures du matin et c'est ouvert tous les jours sauf le jour de Noël et le lendemain de Noël.

Examiner: Est-ce que c'est loin d'Oxford?

Candidate: Non, pas trop loin. On pourrait y être en moins d'une heure. Ça dépend de la circulation, bien sûr, mais pendant la plus grande partie du trajet nous serons sur la même route.

Examiner: A votre avis cette visite intéressera-t-elle mes enfants?

Candidate: J'ai visité ce centre quand j'avais 14 ans. J'ai passé une journée agréable et profitable. Et puisque nous faisions à l'école du travail sur l'environnement c'était très utile. Mais on comprend mieux si on fait la visite guidée.

Examiner: Je sais que ma fille a fait du travail sur l'environnement et donc cette visite pourrait lui être utile. Mais mon fils ne s'intéresse pas à grand chose en ce moment.

Candidate: Je sais qu'il aime dessiner. Il y aura beaucoup de sujets intéressants. Il y a même certains jours des ateliers de peinture. On pourrait nous renseigner sur les jours où il y en a.

Examiner: Vous m'avez persuadé que la visite que vous proposez nous intéressera.

As in all of the speaking tasks already described, the candidate should aim to engage in a conversation with the examiner. The examiner will certainly challenge the candidate, for example with questions such as the last part (above), where the candidate has to persuade the father/mother that the visit is worth doing.

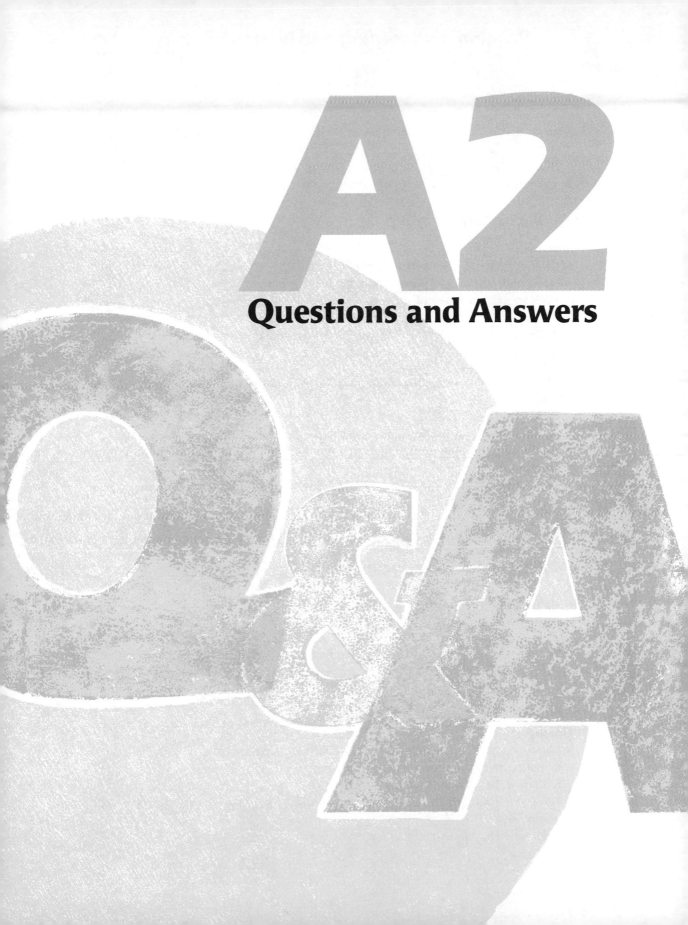

A2
Questions and Answers

*T*his section contains the following:
- an outline of the grade descriptions at A-level for (a) reading and (b) writing
- texts with tasks, each text preceded by (a) a description of the topics covered (see pages 14–16) and (b) a description of the types of question used in the tasks
- answers and, where relevant, examiner's comments following each task

Grade descriptions: reading

Grade A
- Clear understanding of a wide range of complex written texts in a variety of registers.
- Good understanding of grammatical markers, e.g. tense.
- High level of awareness of structure, style and register.
- Ability to infer meaning and points of view.
- Ability where appropriate to respond with insight and imagination.
- Appreciation of syntax and style which is conveyed appropriately when transferring meaning into English, Welsh or Irish.

Grade C
- Understanding of a range of written texts.
- Some awareness of structure and register.
- Grasp of significant details of text and ability to identify points of view, attitudes and emotions.
- Some appreciation of register and syntax when transferring meaning from the target language.

Grade E
- Competent response to straightforward questions.
- Difficulty with abstract or complex language may be experienced.
- In answers in the target language, parts of the text may be copied due to lack of comprehension.
- Understanding of gist or main points, grasp of detail random and limited ability to draw inferences.
- When transferring meaning from the target language, basic meaning is transmitted but often there is a failure to appreciate grammatical markers, e.g. tense.

Grade descriptions: writing

Grade A
- Ability to communicate information, concepts and opinions clearly.
- Language and expression appropriate to the subject and sufficiently varied in nature to convey thought and argument effectively.
- Wide and varied range of syntax and lexis used, including idiom and specialised vocabulary.
- High level of accuracy and fluency.

- Errors of a minor nature which arise from a desire to use more enterprising constructions and vocabulary.

Grade C
- Language and expression generally appropriate to the subject, and though limited in range and variety, are adequate to convey thoughts and argument.
- Relatively few serious grammatical or factual errors.
- Work which shows that errors are due to lapses of attention or incomplete recall rather than ignorance.
- Some evidence of ability to use more complex constructions.

Grade E
- Ideas communicated in unsophisticated style. Generally factual information given in a narrative style.
- Limited range of expression and grammar. Often inaccurate and inconsistent, with some very bad errors.
- Limited capacity to express and justify points of view.
- Vocabulary limited and repetitive, and excessive use of simple sentences.
- Limited range of tenses and tendency to use stereotypical phrases.

La culture des OGM

Topics covered: health issues; science and technology; pollution and the environment; global issues

Question types:
- Select one answer from a choice of three (questions and answers in French).
- Comprehension questions (questions and answers in French).
- Translate a section of the text into English.
- Translate sentences from English to French.

Claude Hubert dirige le laboratoire de microbiologie et génétique de l'université Louis Pasteur de Strasbourg. Celui-ci a contribué à la mise au point des méthodes de traçabilité des organismes génétiquement modifiés (OGM) dans les aliments pour le compte de la Direction générale de la répression des fraudes.

Faut-il arrêter la culture des OGM?

Arrêter la culture en champ pratiquée de manière sauvage, oui, sans aucun doute.
Ces cultures ne sont pas forcément dangereuses, mais on n'a actuellement aucune idée

---

des déséquilibres qu'elles peuvent introduire dans les écosystèmes. En ce sens, je suis favorable au moratoire des cultures telles qu'elles se pratiquent aux Etats-Unis où les Américains partent du principe que rien ne peut arriver. Il faut impérativement pouvoir conduire des expériences scientifiques pour étudier l'adaptation et l'éventuel impact des nouvelles plantes sur l'environnement.

Pourquoi vouloir à tout prix cultiver des OGM?

Parce qu'ils ont des avantages évidents. Ils permettent d'augmenter les rendements, ils peuvent favoriser la résistance aux prédateurs, ils pourraient aussi diminuer sensiblement l'utilisation des pesticides. Quand on fabrique un OGM, on s'affranchit de l'espace-temps: on fait une construction que la nature aurait peut-être mis des millions d'années à réaliser. C'est un peu comme si vous cherchiez l'âme sœur: vous pouvez vous en remettre au hasard, c'est la génétique traditionnelle. Vous pouvez confier toutes vos exigences à une agence matrimoniale qui aurait en mémoire les caractéristiques de tous les individus de la planète: c'est ça, les OGM.

En quoi les OGM diffèrent-ils d'autres manipulations sur l'alimentation comme le poulet à la dioxine, les farines animales, la viande aux hormones?

Cela n'a strictement rien à voir. La dioxine, c'est un poison. En revanche, refuser *a priori* les OGM, c'est revenir à la marine à voile. **De toute façon, on fabrique des OGM et on est obligé d'en faire à des fins médicales et pharmaceutiques, on en utilise dans les biotechnologies. Il serait stupide de ne pas mettre ces connaissances au service du monde et de se priver des avantages qu'ils peuvent apporter à l'agro-alimentaire. Mais il faut que les scientifiques puissent faire des cultures d'OGM pour déterminer si elles ont des conséquences sur l'environnement. S'il y a un doute, il faut pouvoir le lever.** En France, on a une législation qui le permet parfaitement. Il ne faut quand même pas oublier que globalement, en terme de santé publique, on mange bien mieux qu'il y a un siècle, au moins en Europe. Mais aujourd'hui, l'opinion a une perception très négative des seuls OGM. Les produits chimiques et les engrais sont pourtant bien plus nocifs...

Vous dites cependant que la culture des OGM pourrait avoir des conséquences négatives. Lesquelles?

Il faut d'abord étudier la stabilité de la construction transgénique, en d'autres termes, s'assurer qu'il n'y a pas d'effets secondaires. Sur la santé humaine, malgré les craintes que les OGM inspirent, je pense que le risque lié à leur consommation est très minime. Déjà, tous les jours, nous avalons plusieurs grammes d'ADN provenant d'espèces animales, végétales ou de micro-organismes. Manger un gramme de pain, c'est avaler un milliard de cellules de levures mortes avec leur ADN. Qui s'en soucie? En revanche, c'est probablement sur l'environnement que les plus grands risques existent, d'autant que l'impact d'une nouvelle espèce végétale au sein d'un écosystème ne peut generalement s'évaluer qu'au long cours. Il faut connaître les conséquences des OGM sur la biodiversité. C'est, selon moi, le véritable enjeu, avec bien entendu le nécessaire débat sur l'aspect économique du marché des OGM, qui mériterait d'être ouvert très rapidement.

(*Libération*, 2/2/01)

Task 1

Selon le texte, laquelle des trois réponses correspond le mieux à chaque question? Choisissez le bon numéro.

(a) Faut-il arrêter la culture des OGM?
- (i) Oui, ces cultures sont dangereuses.
- (ii) Il faut surtout découvrir scientifiquement l'impact de ces cultures sur l'environnement.
- (iii) Oui, ces cultures sont sauvages.

(b) Pourquoi à tout prix cultiver des OGM?
- (i) Avec les OGM on élimine l'utilisation de pesticides.
- (ii) Avec la fabrication d'OGM on accélère infiniment le travail de la nature.
- (iii) La génétique traditionnelle est plus sûre.

(c) En quoi les OGM diffèrent-ils d'autres manipulations sur l'alimentation comme le poulet à la dioxine, les farines animales, la viande aux hormones?
- (i) Certains produits utilisés à présent dans l'agriculture sont plus nocifs que les OGM.
- (ii) Les OGM n'ont pas de conséquences sur l'environnement.
- (iii) En Europe on mange moins sainement qu'il y a un siècle.

(d) Vous dites cependant que la culture des OGM pourrait avoir des conséquences négatives. Lesquelles?
- (i) Les gens sont très inquiets concernant ce qu'ils mangent.
- (ii) Il n'y aura aucune conséquence sur la biodiversité.
- (iii) On ne peut évaluer l'impact des OGM sur l'environnement qu'à long terme.

Answers

(a) ii   **(b)** ii   **(c)** i   **(d)** iii

(a) Remember this is a scientist speaking. You should not expect him to give black-and-white answers. Answer (ii) conveys the spirit of what he says in the last sentence of the paragraph in response to the interviewer's question.

(b) Answer (iii) does not quite fit in with the question. Answer (i) is not what Claude Hubert said; his words were '…ils pourraient…**diminuer**…l'utilisation des pesticides'. Answer (ii) conveys the spirit of what he says.

(c) Nowhere does Claude Hubert say that GMOs have no effect on the environment (answer ii). Answer (iii) is the opposite of what is said. What Hubert does say is that certain products used in agriculture are much more harmful than GMOs; answer (i) is therefore correct.

(d) Answer (iii) seems to sum up the message that Claude Hubert wants to convey.

Task 2

Répondez en français.

(a) De quelle manière les écosystèmes pourraient-ils être affectés par les OGM? (2)

(b) A l'avis de Claude Hubert pourquoi est-il nécessaire de fabriquer des OGM? (4)

(c) Pourquoi, à votre avis, Jean-Claude Hubert mentionne-t-il les produits chimiques et les engrais à la fin de sa réponse à la troisième question? (5)

Answers

(a) Les OGM pourraient introduire/Par l'introduction des OGM il pourrait y avoir (1) des déséquilibres dans les écosystèmes (1).

(b) Les OGM sont devenus nécessaires (1) dans les domaines de la médecine (1) et de la pharmacologie (not 'pharmacie') (1) et on en utilise dans les biotechnologies (1).

(c) Il veut défendre les cultures d'OGM (1). Il veut changer l'opinion négative concernant les cultures d'OGM (1). Il estime que les produits chimiques et les engrais (1) que nous tolérons (1) sont plus nocifs que les cultures d'OGM (1).

(a) The answer is fairly clear to see but some re-forming of the sentence in the text is required. Note that two possible answers are given.

(b) You have to convey here that you have understood 'à des fins médicales' etc. GMOs further the development of medical and pharmaceutical science.

(c) In the sentence 'Les produits chimiques et les engrais sont pourtant bien plus nocifs', the words 'pourtant' and 'bien' show clearly that Claude Hubert wants to convey strongly that consumers are currently running greater risks to their health and that much that has been said about GM food has been exaggerated.

Note that in this task the candidate is called upon to infer points of view as well as to show a clear understanding of a complex text.

Task 3

Traduisez en anglais le passage en caractères gras dans le texte (de 'De toute façon...' jusqu'à '...pouvoir le lever').

Answer

In any case we are producing GMOs and we have to do this for medical and pharmaceutical purposes. GMOs are also used in biotechnology. It would be stupid not to put this knowledge to the service of the world's population, to forego the advantages that GMOs can bring to agribusiness. But scientists must be allowed to plant GM crops to find out if they have any effects on the environment. If there is any doubt we must be able to remove it.

Task 4

Traduisez ces phrases en français.
(a) At the present moment we have no idea of the dangers that the use of GMOs will introduce.
(b) Although the advantages are obvious, people find it difficult to accept GM crops.
(c) On the other hand, the rejection of GMOs would be disastrous.
(d) One can only evaluate over a long period the impact GMOs will have on the environment.

Answers

(a) A l'heure actuelle on n'a aucune idée des dangers introduits par l'utilisation des OGM.

(b) Bien que les avantages soient évidents, on trouve difficile d'accepter les cultures GM.

(c) En revanche le rejet des OGM serait désastreux.

(d) On ne peut évaluer l'impact des OGM sur l'environnement qu'à long terme.

Portables: les antennes-relais décriées sur tous les toits

Topics covered: health issues; science and technology; energy, pollution and the environment; citizenship and campaigning organisations; the state and the individual; social issues

Question types:
- Match up statements with characters from the text.
- Decide whether statements are true, false or not mentioned in the text.
- Identify words in the text to match up with given dictionary definitions.
- Questions and answers in French.
- Translate a section of the text into English.

Une dizaine d'associations, conduites par la Confédération du logement et du cadre de vie (CLCV), militent pour que l'installation des antennes-relais soit soumise à une réglementation plus stricte. **Pour 30 millions de téléphones portables, il y aurait actuellement en France 29 500 antennes, la plupart plantées sur des toits d'immeubles ou sur des pylônes à proximité de zones d'habitation en milieu rural. Le choix des sites n'épargne personne: ni les logements, ni les hôpitaux, ni les crèches ou les établissements scolaires.** *«Des antennes sont installées n'importe où, notamment sur des toits de collèges, de lycées, à proximité d'écoles primaires, sans aucune précaution quant à l'impact éventuel sur la santé des enfants»,* **explique Denis Allix, un responsable de la FCPE, la principale fédération de parents d'élèves.**

Permis de construire

Son organisation a décidé de se joindre au lancement d'une campagne à destination des opérateurs (France Télécom, SFR et Bouygues) et des pouvoirs publics (ministères de la Santé et du Logement). Les associations vont envoyer 80 000 cartes postales demandant que les antennes soient soumises à la réglementation sur les installations classées dangereuses pour l'environnement. Ce qui signifie la délivrance d'un permis de construire. Aujourd'hui, l'implantation de ces équipements résulte d'une simple négociation financière entre le propriétaire de l'immeuble et l'opérateur, sans consultation des habitants. En particulier dans les HLM, qui possèdent 3,6 millions de logements et offrent de nombreuses opportunités d'installation. Aucune étude préalable n'est menée pour mesurer la puissance des champs électromagnétiques auxquels seront exposés les locataires des appartements situés à proximité des antennes. Ce qui a suscité la réaction d'associations de locataires, qui commencent à s'opposer à leur implantation. Au printemps, la CLCV, dont les représentants siègent au conseil d'administration de nombreux organismes de HLM, a demandé le gel de nouvelles implantations.

D'ores et déjà, une quinzaine d'organismes ont suspendu les autorisations d'installation jusqu'à ce qu'«*une étude sérieuse démontre l'innocuité des ondes électromagnétiques émises et réceptionnées*». Une décision pas toujours évidente à prendre, puisqu'une antenne peut rapporter au propriétaire de l'immeuble de 10 000 à 100 000 francs par an.

Des communes commencent aussi à prendre des arrêtés réglementant les lieux d'implantation. A Vallauris, le maire a ainsi décidé qu'aucune antenne ne doit être installée à moins de 300 mètres d'une habitation. «*Dans l'état actuel des connaissances, l'incertitude ne porte pas sur l'existence de risques liés à une exposition prolongée aux rayonnements non-ionisants* (champs électromagnétiques, ndlr), *mais sur la fixation de seuils au-dessous desquels on serait sûr de leur innocuité*», estime Jeanine le Calvez, présidente de Priartem, association qui lutte en faveur d'une réglementation des implantations d'antennes-relais de téléphonie mobile.

Orientation

La semaine dernière, un rapport rendu par Denis Zmirou, missionné par la Direction générale de la santé pour étudier les conséquences des antennes-relais et du téléphone mobile, ne tranche pas sur les dangers. Mais il estime qu'il existe un «*doute raisonnable*», et recommande un certain nombre de mesures de précaution. En particulier de modifier l'orientation des antennes-relais si elles sont situées près d'établissements sensibles (hôpitaux, écoles, maisons de retraite). Il demande aussi à l'Agence nationale des fréquences d'établir «*dans les meilleurs délais*» des règles de mesure des champs électro-magnétiques au voisinage des antennes.

(*Libération*, 14/2/01)

Task 1

Qui aurait avancé ces opinions concernant l'installation des antennes-relais? Choisissez dans cette liste:
un propriétaire d'un immeuble; Denis Allix; la CLCV; le maire de Vallauris; le ministre de la santé; Denis Zmirou

(a) 'A présent la santé de nos enfants pourrait en souffrir.'
(b) 'On devrait arrêter tout de suite toute implantation de nouvelles antennes.'
(c) 'A présent les antennes sont installées trop près des maisons.'
(d) 'En ce moment on n'est pas complètement sûr que les antennes ne soient dangereuses.'

Answers

(a) Denis Allix   (b) la CLCV   (c) le maire de Vallauris   (d) Denis Zmirou

In line with normal procedure in the examination, the attributed quotes are given in the order in which they would have been said in the text. Your main task is to locate the person or organisation. A careful reading of the text would lead you to eliminate the two that are redundant, as these are both targets of the campaign against the indiscriminate siting of mobile phone aerials.

Task 2

Dites si les affirmations suivantes sont vraies, fausses ou ne sont pas mentionnées (V, F, PM).

(a) En France il y a plus d'antennes que de téléphones portables.

(b) Les antennes sont plantées pour la plupart hors des grands centres urbains.

(c) Elles sont même plantées sur les grands monuments.

(d) La campagne de la FCPE est destinée uniquement aux ministères de la santé et du logement.

(e) Les opérateurs ne paient rien au propriétaire d'un immeuble sur lequel est plantée une antenne.

(f) La CLCV a demandé qu'on arrête provisoirement l'implantation des antennes.

Answers

(a) F   (b) V   (c) PM   (d) F   (e) F   (f) V

(a) This should present no difficulty.

(b) In the text, 'en milieu rural' provides the correct answer.

(c) There is no mention of this.

(d) The operators are also to be targeted.

(e) The answer to this is given in the phrase 'une simple négociation financière entre le propriétaire de l'immeuble et l'opérateur'.

(f) 'La CLCV…a demandé le gel de nouvelles implantations' gives you the answer.

Task 3

Trouvez dans le texte les mots qui correspondent aux définitions de dictionnaire suivantes.

(a) Appareil destiné à captor ou à diffuser les ondes électromagnétiques.

(b) Une garderie d'enfants de l'âge de moins de trois ans.

(c) Action d'introduire de manière permanente.

(d) Personne qui loue une maison ou un appartement.

(e) Interruption d'une activité, d'un processus.

(f) La position ou la situation d'une maison.

(g) Espace qui se trouve à petite distance.

Answers

(a) antenne   **(b)** crèche   **(c)** implantation   **(d)** locataire   **(e)** gel   **(f)** orientation
(g) voisinage

Task 4

Répondez en français aux questions suivantes sans copier mot à mot des phrases entières du texte.

(a) Dans le contexte du texte, expliquez la phrase 'Le choix des sites n'épargne personne'.

(b) Décrivez la campagne de la FCPE et expliquez-en le but.

(c) Quelles sont les objections de l'association des locataires concernant l'implantation des antennes sur les HLM?

(d) Expliquez la phrase '…a demandé le gel de nouvelles implantations'.

(e) Quelles mesures de précaution sont recommandées par Denis Zmirou concernant l'implantation des antennes-relais?

Answers

(a) Tout le monde est affecté par l'implantation des antennes, même les plus vulnérables: les petits enfants (dans les crèches), les malades (dans les hôpitaux), et les élèves (dans les établissements scolaires).

(b) La FCPE va se joindre à d'autres organisations. Elles vont envoyer 80 000 cartes postales à ceux qui ont le pouvoir de contrôler l'implantation des antennes. Leur but est que l'implantation soit réglementée.

(c) Elle s'oppose à l'implantation des antennes à proximitié des HLM parce qu'on ne sait pas encore quelle est la puissance des champs électromagnétiques auxquels les locataires sont exposés.

(d) On a demandé qu'on ne fasse plus d'implantations.

(e) Que l'orientation des antennes-relais soit modifiée si elles sonts situées près d'établissements sensibles (hôpitaux, écoles, maisons de retraite). Qu'on établisse des règles de mesures des champs électromagnétiques au voisinage des antennes.

Note that in the instructions you are asked to answer the questions without copying the text word for word. Your ability to convey the answers in correct French will be assessed (see grade descriptions for reading and writing on pages 74–75).

(a) It is useful to give examples (as in the answer above) to show you have fully understood 'n'épargne personne' ('nobody is spared').

(b) The main problem here is to locate the relevant section. FCPE is the organisation of which Denis Allix is an official.

(c) This is fairly straightforward.

(d) It is important to understand the meaning of 'gel' ('freeze'/'halt').

(e) In giving the recommendations, the use of the subjunctive (as in the answer above) makes for a neater sentence: 'la modification de l'orientation' would have been unwieldy. You could also use an infinitive construction, i.e. 'de modifier…'.

Task 5

Translate into English the passage in bold in the text (from 'Pour 30 millions' to 'parents d'élèves').

Answer

For the 30 million mobile phones in France it is estimated that there are 29,500 aerials. Most of these are sited on the roofs of apartment blocks or on pylons close to housing in rural areas. When it comes to the choice of sites, nobody is spared: neither homes, hospitals, nurseries nor schools. 'Aerials are built anywhere — notably on the roofs of secondary schools and sixth-form colleges and close to primary schools — without any precautions being taken regarding the eventual impact on the children's health', explains Denis Allix, an official of the FCPE, the main organisation for the parents of pupils.

L'école est-elle menacée par les sectes?

Topics covered: campaigning organisations; beliefs and religions; social issues; education; law and order; the state and the individual

Question types: • French questions and answers.
 • Translate English sentences into French.

L'école est-elle menacée par les sectes? Très peu dans le public, un peu plus dans les établissements privés où les mesures, mises en place depuis deux ans, ont parfois du mal à s'appliquer

La loi Jules Ferry de 1882 instaurait l'instruction obligatoire (et non l'école, contrairement à ce qui est souvent dit) et une loi de 1886 autorisait le contrôle de l'hygiène et de la sécurité des établissements, mais pas celui de leur pédagogie. Il a fallu attendre plus de cent ans avec la loi du 18 décembre 1998, le décret d'application du 23 mars 1999 et la circulaire du ministre délégué à l'Enseignement scolaire qui a suivi pour supprimer cette contrainte. «Nous pouvons maintenant demander à contrôler la pédagogie. Pas nous mettre au fond de la classe, explique Groscolas, mais se faire apporter les cahiers.» Les inspections ont évolué: la courtoisie rituelle qui consistait à prévenir les établissements n'est plus toujours de mise. L'année dernière, 21 écoles ont été inspectées sur le rectorat de Paris. S'il y a des problèmes d'hygiène, la Ddass en est prévenue; de sécurité, le procureur; d'infiltrations sectaires, le maire ou la justice. «Ce qui ne suffit pas toujours, affirme une employée du rectorat. J'ai fait trois rapports en deux ans pour demander la fermeture d'un établissement porte de Champerret. Ni le maire ni le préfet n'ont réagi.» C'est pourtant ainsi que des centres scientologues (Ecole du Rythme, Ecole de l'Eveil) ont pu être démasqués. «Heureusement, il leur suffit d'être identifiés pour être obligés d'arrêter, explique Jean-Marie Abgrall, psychiatre et auteur de *La Mécanique des sectes* (Pocket). Ces associations sont très fragiles.» **Plus de 6 000 enfants sont menacés par ce type d'infiltration**. «Nous surveillons en particulier les ouvertures de ces écoles, affirme Didier Jouault, inspecteur d'académie chargé du deuxième degré à Paris. Mais toute une frange nous échappe: celle des écoles qui ouvrent en douce. Là, il faut attendre que le bouche-à-oreille nous informe. Un cas d'enfant non scolarisé nous est signalé à peu près une fois par trimestre.» A Paris, il y a 109 écoles privées sous contrat et 21 écoles hors contrat dans le premier degré, 109 sous contrat et 21 hors contrat dans le second degré, qui vont de jardins d'enfants à des écoles bilingues en passant par des écoles à méthodes originales, comme les Montessori. Elles sont contrôlées régulièrement.

Depuis le début de l'année, il y a eu cinq déclarations officielles d'enfants non scolarisés et quatre situations, a priori non sectaires, qui sont en voie de régularisation. «Il ne faut pas confondre les tentatives sectaires et les pures escroqueries, qui sont plus nombreuses», assure Jean-Pierre Delaubier. Le contrôle est moins facile avec les LEP (6 sous contrat, 19 hors contrat soit 1 500 élèves pour l'académie de Paris) car les enfants n'y sont pas contraints à l'obligation scolaire. Un inspecteur consacre tout son temps à ces établissements. «Une école de 50 élèves peut difficilement nous échapper, affirme Jean-Pierre Delaubier. En revanche, 6 ou 7 élèves dans un appartement....»

Les sectes l'ont compris: elles tournent leurs efforts vers le soutien scolaire et l'enseignement par correspondance, contrôlés par le Cned (Centre national de l'Enseignement à Distance). Ceux-ci sont régis par une loi de 1971, inadaptée au problème, et que la cellule de prévention souhaiterait faire réformer. L'un des cours de soutien du 7e arrondissement de Paris est ainsi fortement soupçonné d'être proche des scientologues. Les cours à domicile (il n'est que de voir les petites annonces des quotidiens) font également florès: ils ne dépendent pas du rectorat et n'ont pas de locaux. Les enseignants se rendent chez les parents: c'est pain bénit pour les sectes.

Dans ce jeu de chat et de la souris où l'ennemi à peine démasqué se réorganise ailleurs, le pari est d'abord de développer l'information des élèves. «Nous avons fait plusieurs stages qui commencent à porter leurs fruits», explique Daniel Groscolas. Dont à Lyon la création d'une association, Issue, qui lutte contre le prosélytisme à la fac. L'urgence, c'est de surveiller internet. «J'y passe de plus en plus de temps, avoue Groscolas: les sectes ont une grande faculté d'adaptation. A nous de les suivre.»

(*H. P., Le Nouvel Observateur, 6/7/00*)

Task 1

(a) Qu'est-ce qui a été effectué concernant l'éducation nationale:
  (i)   en 1882? (2)
  (ii) en 1886? (2)
  (iii) le 23 mars 1999? (2)
(b) Expliquez la phrase (en caractères gras dans le texte)
  'Plus de 6 000 enfants sont menacés par ce type d'infiltration'. (4)
(c) Comment les sectes réagissent-elles aux contrôles des autorités? (3)
(d) Qu'est-ce qui indique que les cours à domicile fleurissent? (3)
(e) Expliquez la dernière phrase du texte: 'A nous de les suivre.' (5)

Answers

(a) (i)   L'instruction est devenue (1) obligatoire en France (1).
  (ii) Le contrôle de l'hygiène et de la sécurité dans les établissements (1) a été autorisé (1).
  (iii) Le contrôle de la pédagogie (1) a été autorisé (1).

(b) C'est le nombre d'enfants (1) qui pourraient être touchés (1) par la propagande (1) des sectes (1).

(c) Elles tournent leurs efforts (1) vers le soutien scolaire (1) et l'enseignement par correspondence (1).

(d) C'est le nombre (1) des petites annonces (1) des quotidiens (1).

(e) Ceux qui luttent contre le prosélytisme (1) des sectes (1) dans les établissements (1) devraient suivre l'exemple des sectes (1) en adaptant leurs méthodes (1).

The sections of the text to which the questions refer are not generally difficult to locate because of the guidance provided in the questions. For example, the relevant section for (b) is in bold type in the text.

(a) Parts (i) and (ii) should not provide too much difficulty. Part (iii) requires an understanding of what precedes the mention of the date itself. In 1886 the French government brought in inspections for hygiene and safety in 'établissements', but legally enforced inspections of teaching had to wait until 1999.

(b) As with (a) iii, an understanding of more than the highlighted section is required to answer this question. If 'infiltration' is not understood, reading the passage as a whole and certainly the sections around the sentence in question should make the meaning clear.

(c) and **(d)** Location of the relevant sections does require some effort, but once found the answers are straightforward.

(e) The location of the relevant phrase is given in the question. The answer does require the candidate to have understood the ideas conveyed throughout the text, and certainly in the last four or five lines.

Task 2

Traduisez ces phrases en français.
(a) In the past it was necessary to warn schools when an inspection was to take place.
(b) We watch out for new schools to open.
(c) Last year a single inspector devoted most of his time to inspecting private schools in the Paris region.
(d) 'Cults have been playing a game of cat and mouse with us as, no sooner have we discovered them in one place, they turn up somewhere else,' a member of the inspectorate told us.

Answers

(a) Dans le passé il fallait prévenir les établissements quand une inspection devait avoir lieu.

(b) Nous surveillons l'ouverture de nouvelles écoles.

(c) L'année dernière un seul inspecteur a consacré la plupart de son temps à inspecter les écoles privées de la région parisienne.

(d) 'Les sectes ont joué un jeu de chat et de la souris avec nous car, à peine les avons-nous dépistées dans un lieu qu'elles ont paru ailleurs', nous a dit un membre de l'inspectorat.

Affaire de goût

Topics covered: health issues; energy, pollution and the environment; customs and traditions

Question types:
- Indicate whether sentences in French are true, false or not mentioned in the text.
- Locate words in the text from given dictionary definitions.
- Translate a short English passage into French.

Pour le propriétaire du Carré des Feuillants, mieux vaut consommer de bons produits labellisés mais en quantité moindre

Halte au jambon sous Cellophane, à la mimolette toile cirée, aux escalopes de poulet sous vide, au tomates-mozzarelle insipides...Facile, direz-vous, de s'enflammer contre la malbouffe quand on règne sur les cuisines d'un restaurant classé deux étoiles au Michelin, et où la moindre addition dépasse 500 francs par client. Pourtant, pour Alain Dutournier, propriétaire du Carré des Feuillants, la cuisine reste plus affaire de goût que de fric. «Il a fallu qu'il y ait des risques de mort pour que les gens se préoccupent enfin de ce qu'ils avalent. Moi, ça fait plus de vingt-cinq ans que je surveille ce que je mets dans mon assiette!» Né entre Dax et Bayonne, il a appris dans l'auberge de sa mère et de sa grand-mère l'art de choisir lièvres, poulardes, jambons, foies gras, cèpes et légumes du jardin. Aujourd'hui, dans son fief, il n'utilise que des herbes et des salades bio, pas des frisées bourrées d'engrais grosses comme des «chapeaux mexicains». «La gélatine alimentaire, le bar ou le saumon d'élevage, je n'en sers pas. Rien ne prouve que c'est mauvais pour la santé, mais on ne sait pas vraiment ce qu'il y a dedans. Et puis surtout c'est dégueulasse!» Son pain est fait maison; ses œufs, issus de poules élevées en plein air et nourries aux céréales; ses saumons ne sont pas gavés aux farines animales; ses volailles, son porc et son agneau sont fermiers; et son bœuf provient de bêtes qui s'alimentent exclusivement d'herbe et de foin.

Mais voilà, tout le monde ne peut pas acheter du filet de bœuf à 250 francs le kilo ni des légumes bio 30% plus chers! Alain Dutournier insiste: il faut simplement revenir à la cuisine traditionnelle de ménage, apprendre à faire de bons plats avec peu de produits chers, mais de bonne qualité, des bolognaises avec des tomates bien mûres, des herbes et du bœuf de premier choix, un petit salé et des lentilles mijotés avec des carottes et du thym, des œufs cocotte à la crème...«En France, la viande est un symbole de richesse, les gens se croient obligés de manger à chaque repas un steak de 200 grammes ou un demi-poulet.» Les anciens, eux, n'avaient droit à la viande que deux fois par semaine.

Tout est affaire de choix: mieux vaut consommer de bons produits labéllisés mais en quantité moindre. Ou revenir à des morceaux moins nobles, comme le paleron, mais issus de bêtes d'excellente qualité, pour mijoter un savoureux pot-au-feu ou un bourguignon. Le chef ne céderait-il pas à la nostalgie du passé? Il sourit: «C'est simplement le cycle du bon sens, on est allé jusqu'au bout des excès. La crise de la vache folle aura au moins eu ce mérite de nous faire réfléchir à ce que nous mangeons. Il était temps!»

(Sophie des Déserts, *Le Nouvel Observateur*, 16/11/00)

Task 1

Dites si les affirmations suivantes sont vraies, fausses ou ne sont pas mentionnées (V, F, PM).

(a) Le Carré des Feuillants est une petite auberge dans le sud-ouest de la France.

(b) Depuis la crise de la vache folle on fait plus attention à ce qu'on mange.

(c) Alain Dutournier n'utilise que des produits biologiques.

(d) Il conseille qu'on utilise les produits les plus chers.

(e) En France actuellement on mange plus de viande qu'autrefois.

Answers

(a) PM   (b) V   (c) PM   (d) F   (e) V

(a) Mention is made of Alain Dutournier's parents' 'auberge' in the Landes in southwest France, but there is no mention of the location of his own restaurant.

(b) This is certainly true.

(c) Although he prides himself on using produce grown or reared in the traditional way, there is no certainty that he uses only organic produce.

(d) This is not what Dutournier says. He says that 'a few expensive products' should be used in traditional dishes.

(e) This is borne out by 'Les anciens, eux, n'avaient droit à la viande que deux fois par semaine', in contrast to our contemporaries: 'les gens se croient obligés de manger à chaque repas un steak de 200 grammes ou un demi-poulet'.

Task 2

Trouvez dans le texte les mots qui correspondent aux définitions de dictionnaire suivantes.

(a) Qui n'a aucun goût.

(b) Faire descendre par le gosier; manger.

(c) Observer avec attention.

(d) Domaine où quelqu'un est maître.

(e) Faire naître et développer dans de bonnes conditions des animaux domestiques.

(f) Faire manger de force.

(g) Ensemble des oiseaux qu'on élève pour leurs œufs ou leur chair.

(h) Faire cuire ou bouillir lentement, à petit feu.

Answers

(a) insipide   (b) avaler   (c) surveiller   (d) fief   (e) élevage   (f) gaver
(g) volaille   (h) mijoter

Task 3

Translate the following into French.

People have been more and more concerned about what they eat since the mad cow crisis. Alain Dutournier, the owner of the Carré des Feuillants, has said that it would be better to eat good-quality, expensive food in smaller quantities than a lot of cheap food. If we learned to make traditional dishes we could eat well and quite cheaply.

Specimen translation

Les gens se préoccupent de plus en plus de ce qu'ils mangent depuis la crise de la vache folle. Alain Dutournier, propriétaire du Carré des Feuillants, a dit qu'il serait mieux de consommer de petites quantités de produits chers mais de bonne qualité que beaucoup de produits bon marché. Si nous apprenions à préparer des plats traditionnels nous pourrions manger bien et assez bon marché.

*T*his section contains the following:

- texts with tasks, each preceded by (a) a description of the topics covered and (b) a description of the question types used in the tasks
- answers and, where appropriate and useful, examiner's comments following each task

See pages 74–75 for the grade descriptions for writing at A-level. Note that the grade descriptions for listening are essentially the same as for reading (page 74). Just substitute 'spoken' for 'written' texts.

Again, to make full use of the texts in this section you should record them onto tape. See page 1 for further advice.

Forêt française: le check-up

Topics covered: contemporary issues; global issues; energy, pollution and the environment

Question types:
- Provide information, mostly of a non-verbal nature.
- Questions and answers in French.
- Guided summary in English of a spoken text.

Vous allez écouter deux passages. Vous pouvez écouter chaque passage aussi souvent que vous voulez. Vous pouvez prendre des notes et écrire vos réponses quand vous le désirez.

Ecoutez la première partie d'un reportage de Gérard Petitjean (24/2/00) sur les conséquences pour la forêt française des tempêtes du 26 décembre 1999.

Le 26 décembre 1999, Lothar frappait la France après avoir traversé l'Atlantique en moins de vingt-quatre heures. On n'avait jamais vu une tempête aussi véloce. Les vents frappaient Perros-Guirec à 4 heures du matin, déferlaient sur Rouen à 7 heures, atteignaient Charleville-Mézières à 10 heures, dévastaient la Suisse et l'Allemagne avant d'aller causer leurs derniers dégâts en Autriche. Les vents avaient soufflé à 210 kilomètres à l'heure sur le pont de Normandie et au sommet de la tour Eiffel. Le lendemain, c'était Martin qui frappait à son tour, essentiellement dans le sud-ouest. 88 morts en France, plus de 100 en Europe. Et la forêt par terre. 140 millions de mètres cubes de bois déracinés, brisés. L'Office national des Forêts, qui gère les forêts publiques, celles de l'Etat et des collectivités territoriales, a perdu pendant ces deux jours 130 millions d'arbres, surtout en Lorraine, en Alsace et dans la région Champagne-Ardenne: l'équivalent de trois années de coupes.

Plus du quart de ces arbres sont perdus, trop brisés ou trop inaccessibles pour être commercialisés. Ils resteront dans la forêt les risques d'incendie et pourrait favoriser la prolifération d'insectes nuisibles pour les arbres qui sont restés debout.

Task 1

Donnez les renseignements requis.

(a) L' heure à laquelle la tempête a frappé:
  (i)   à Perros-Guirec (1)
  (ii) à Rouen (1)
  (iii) à Charleville-Mézières (1)
(b) Les pays à part la France qui ont été touchés par la tempête (3)
(c) La vélocité des vents au sommet de la Tour Eiffel (1)
(d) Le bilan des morts:
  (i) en France (1)
  (ii) en Europe (2)

Answers

(a) (i) 4h (ii) 7h (iii) 10h   (b) Suisse, Allemagne, Autriche   (c) 210 k/h

(d) (i) 88 (ii) Plus de 100

e Although this task tests the understanding of numerals in particular, you must listen carefully so that you match up the information required with the place in the text.

Task 2

Répondez en français aux questions suivantes.

(a) Dans quelles régions de la France les forêts étaient-elles le plus touchées? (3)
(b) Pour quelles raisons les arbres abattus par la tempête ne pouvaient-ils pas être commercialisés? (2)
(c) Décrivez les risques pour les arbres restés debout causés par les arbres abattus par la tempête. (3)

Answers

(a) Lorraine (1), Alsace (1), Champagne-Ardenne (1)

(b) Trop brisés (1), trop inaccessibles (1)

(c) Incendie (1); prolifération (1) d'insectes nuisibles (1)

e (a) 'Surtout' is the key word here. Make sure you do not mistake Champagne-Ardenne for two regions. This is where your knowledge of the country could help.

(b) and (c) As long as you can locate the relevant part of the text, these questions should not present a problem.

Ecoutez la deuxième partie du même reportage.

Pour le reste, on a vendu ce qu'on a pu — représentant une année et demie de récolte —, stocké ce qui a pu l'être…Les professionnels de la filière bois estiment qu'ils subiront les conséquences de la tempête — trop de bois sur le marché, cours trop bas — jusqu'en 2002.

Il faudra autant de temps pour dégager les milliers de kilomètres de chemins, de routes — 11 000 kilomètres pour les seules forêts domaniales —, de sentiers qui traversent nos forêts. En Ile-de-France, l'essentiel est fait. Mais dans bien des régions le quart seulement des sentiers et des routes a pu être dégagé.

Pour ce qui est de la reconstitution de la forêt détruite, la doctrine officielle est, du moins en ce qui concerne l'ONF, qu'il est urgent d'attendre. On regarde comment la forêt réagit, comment elle redémarre spontanément. Et ce n'est qu'ensuite, et dans certains cas ce sera cinq ans après les tempêtes de 1999, qu'on aidera la forêt à se régénérer par des plantations. En favorisant, c'est juré, la biodiversité. Fini, ces étendues monotones et uniformes de résineux qui basculent comme des jeux de quilles sous l'action du vent.

(Gérard Petitjean, *Le Nouvel Observateur*, 24/2/00)

Task 3

Summarise this second part of the report **in 70–85 words of continuous English prose**, addressing the points below. Remember that the quality of language will be taken into account in the marking of your answer.
- the effects of the storm on the price of timber
- the extent of the work required to clear paths and roads

- the thoughts of the ONF (Office national des Forêts) on the time it would take to restore the forests
- the ONF's vision for the regenerated forests

Specimen summary

The price of timber will be low until 2002 because of the glut due to the storms.

The paths and roads through wooded areas will not be cleared until 2002; outside the Ile-de-France only a quarter have been cleared.

The ONF thinks it is better to see how the forests react and how they get going again on their own. This may take up to 5 years.

The ONF is committed to biodiversity and is against the creation of vast expanses of conifers.

Listen carefully in order to locate the sections of the text corresponding to the points in the guidelines. Possible key phrases and/or sentences are:
- les professionnels de la filière bois
- il faudra autant de temps pour dégager ('autant de temps' refers back to 2002)
- il est urgent d'attendre
- en favorisant, c'est juré, la biodiversité

When you have isolated these you should be able to put together your summary from the details given in the sections introduced by these phrases, e.g. 'trop de bois sur le marché' leads to 'cours trop bas…jusqu'en 2002'.

Then the main problem is to render these details into English. Don't forget that you are instructed to write in continuous prose and that you are restricted to a specific number of words.

Interview avec Michel, serveur dans une pizzeria

Topics covered: contemporary issues; energy, pollution and the environment; social issues; human interest news items

Question types:
- Tick 8 out of 16 statements relevant to the text.
- Questions and answers in French.

Ecoutez cette interview avec Michel qui travaille dans une pizzeria à Paris.

Interviewer: Alors, Michel, depuis combien de temps travaillez-vous à cette pizzeria?
Michel: Depuis un an.

Interviewer: Et en quoi consiste votre travail?
Michel: Je suis serveur. C'est à dire je prends les commandes, j'apporte les boissons et j'apporte les pizzas. Je dois aussi faire la plonge de temps en temps.

Interviewer: Vous gagnez combien?
Michel: 4 900 francs net par mois.

Interviewer: Comment sont les conditions de travail?
Michel: Tout est réglé. Par exemple nous avons trois minutes pour prendre les commandes et 15 minutes pour apporter les pizzas.

Interviewer: Comment trouvez-vous l'hygiène?
Michel: C'est un problème. Le restaurant a sept ans et les éléments de cuisine tombent en panne les uns après les autres. L'autre jour c'était le chauffe-eau. J'ai dû faire la plonge à l'eau froide. Ce qui est très grave c'est quand le frigo tombe en panne. Les légumes risquent de pourrir en moins de 24 heures. Il arrive qu'on ne les jette pas et qu'on les met sur les pizzas.

Interviewer: Et vous continuez à travailler ici.
Michel: Oui, c'est vrai. Je ne trouve pas de travail ailleurs et j'ai besoin d'argent pour payer mes études. Mais il faut dire que, depuis un an, j'ai vu défiler tout le personnel et suis l'employé le plus ancien.

Task 1

Voici une liste de constatations concernant le travail de Michel. Cochez les huit qui sont mentionées dans l'extrait. Ne mettez rien contre celles qui ne le sont pas. Vous perdrez des points si vous cochez plus de huit constatations.

(a) Michel étudie les langues.
(b) Michel fait cuire les légumes décongelés puis les donne aux asiles de nuit.
(c) Michel doit faire une variété de tâches.
(d) Michel travaille à la pizzeria depuis douze mois.
(e) Michel gagne plus de 4 000 francs net par mois.
(f) Le travail des employés de la pizzeria est contrôlé.
(g) Le restaurant a seize ans.

(h) L'hygiène du restaurant laisse beaucoup à désirer.

(i) Le lave-vaisselle ne marche plus.

(j) On met des champignons pourris sur les pizzas.

(k) Un jour il n'y avait pas d'eau chaude.

(l) Le frigo ne tombe jamais en panne.

(m) Michel travaille à la pizzeria parce qu'il a besoin d'argent pour subvenir à ses frais universitaires.

(n) Michel travaille plus longtemps au restaurant que tout autre employé.

(o) Michel trouve facile d'obtenir un autre travail.

(p) Michel trouve son travail agréable.

Answers

(c), (d), (e), (f), (h), (k), (m), (n)

It is important to read the instructions carefully. You are instructed to tick the eight statements that are mentioned in the text. The 'champignons' of (j) are not mentioned.

Task 2

Répondez en français.

(a) En quoi consiste le travail de Michel? (3)

(b) Combien gagne-t-il? (2)

(c) Qu'est-ce qui indique que l'hygiène à la pizzeria n'est pas bonne? (4)

(d) Pour quelle raison Michel travaille-t-il à la pizzeria? (1)

Answers

(a) Il prend les commandes (1), apporte les boissons et les pizzas (1), fait la plonge de temps en temps (1).

(b) 4 900 francs (1) par mois (1).

(c) Quelquefois (1) on fait la plonge à l'eau froide (1); on met les légumes pourris (1) sur les pizzas (1).

(d) Pour payer ses études (1).

Interview avec le pédiatre, le docteur Spitz

Topics covered: contemporary issues; health issues; social issues; education; human interest news items

Question types:
- Tick four out of eight subjects mentioned in the text.
- Questions and answers in French.
- Summary in English of the second part — guidelines provided.

Ecoutez la première partie de cette interview avec le pédiatre Christian Spitz (CS) (Alain Laville, *Nice-Matin*, 2/2/01).

Interviewer: Pourquoi avez-vous décidé de reprendre votre émission sur Radio Monte Carlo? Est-ce parce que le vedettariat vous manquait?

CS: Je le fuis. Je ne cherche pas à faire un numéro. Je suis là pour écouter, aider, trouver des solutions. La vérité est en soi mais on ne sait pas la voir.

Interviewer: A chaque jour son thème?

CS: Je m'énerve en voiture'. 'J'ai peur de l'avion', 'J'ai trouvé du haschisch dans la poche de mon fils'. 'Je rentre chez moi, je vide le frigo'. 'Mon mari a changé'. C'est la vie, c'est l'époque, dans ce qu'elle a d'éclectique, de plus ou moins dramatique ou drôle.

Interviewer: Préparez-vous vos réponses?

CS: Je suis seul à l'antenne, en pur direct. Je découvre les questions, en même temps que les autres auditeurs. On me remercie de donner, ainsi, la parole. C'est la preuve qu'il y a de moins en moins de dialogue dans notre société.

Interviewer: Quand vous répondez, on sent en vous une immense fraternité.

CS: Je ressuscite le dialogue avec le médecin de famille. Tout le monde n'a pas besoin d'un psychiatre mais d'un éclairage global sur soi-même. Je me veux un médecin humaniste qui prend, aussi, en compte le spirituel.

Interviewer: D'où vient cette vocation?

CS: Mon père était médecin de campagne, en Haute-Savoie, près du Doubs, de Besançon où je suis né. Je l'ai vu dialoguer avec ses patients, autant sur la maladie que sur la pluie, le beau temps, la feuille d'impôts et les petites nouvelles du coin. C'était en plus, un homme d'une vraie exigence.

> **Interviewer:** La médecine est-elle une tradition familiale?
>
> **CS:** Deux de mes frères sont médecins de campagne, ma sœur, psychiatre...
>
> **Interviewer:** N'êtes-vous pas un psychiatre frustré?
>
> **CS:** Le psychiatre est le médecin du mal être. Cela m'intéresse. J'ai hésité entre psychiatre et pédiatre.
>
> **Interviewer:** Exercez-vous toujours?
>
> **CS:** Plus que jamais. J'ai même pris un grand appartement pour installer mon cabinet à domicile, à Paris. C'est plus pratique. Il existe aussi un site Internet, **ledoc.com**, où je réponds aux adolescents.

Task 1

Cochez les quatre thèmes mentionnés dans le texte sur lesquels les auditeurs du docteur Spitz expriment des inquiétudes.

(a) la légalisation des drogues douces

(b) les excès de table

(c) la crise de la vache folle

(d) les transports en commun

(e) le mariage

(f) les récoltes OGM

(g) les drogues et leurs enfants

(h) le voyage en avion

Answers

(b), (e), (g), (h)

[e] The relevant sections of the text for the answers are:

(b) 'Je rentre chez moi, je vide le frigo.'

(e) 'Mon mari a changé.'

(g) 'J'ai trouvé du haschisch dans la poche de mon fils.'

(h) 'J'ai peur de l'avion.'

Task 2

Répondez à ces questions.

(a) Quel rôle le docteur Spitz joue-t-il vis-à-vis de ses auditeurs? (2)

(b) Quelle était la profession de son père et où la pratiquait-il? (2)

(c) Qu'apprenons-nous sur ses rapports avec ses patients? (1)

(d) Pourquoi le docteur Spitz a-t-il pris un grand appartement à Paris? (2)

(e) A quoi sert son site Internet, **ledoc.com**? (1)

Answers

(a) Médecin (1) de famille (1)

(b) Médecin (1) en Haute-Savoie (1)

(c) Ils étaient bons (1)

(d) Cabinet de travail (1) à domicile (1)

(e) Il peut parler avec les adolescents (1)

Ecoutez la deuxième partie de la même discussion.

Interviewer: Un bon pédiatre, doit-il avoir des enfants?

CS: De bons pédiatres sont célibataires. J'ai un ami chirurgien pédiatre, marié, sans enfants. J'espère que ce n'est pas de sa faute! C'est sans doute mieux d'en avoir mais il n'y a pas de règle. Bruno Bettleheim, célèbre pédo-psychiatre, n'était pas, semble-t-il, un père parfait. Freud lui-même est critiquable, par rapport aux siens. Nul n'est prophète en son métier.

Interviewer: Avez-vous des enfants?

CS: Je n'aime pas dire: 'J'ai des enfants'. C'est ramener tout a soi, comme: 'J'ai une voiture, une maison'. Je préfère dire: 'J'ai été à l'origine de leur mise au monde'. Ils sont six de 22 ans à 22 mois. Celle-ci est ma première fille. J'ai 50 ans. C'est mon deuxième mariage. J'ai une belle-fille de 12 ans.

Interviewer: Pourquoi une si grande famille?

CS: La dynamique familiale est l'essentiel de la vie. Si un ado a une image positive de la famille, cela l'aide à s'en séparer et donc à grandir. Une image négative le fragilise, le rend paumé.

Interviewer: Quel est votre principe d'éducation?

CS: Ne pas trop étouffer, laisser vivre, tout en étant présent, attentif. Je prépare un livre destiné aux parents d'ados, où je développe ces thèmes.

> **Interviewer:** Où en est-on de cette sexualité des ados dont vous parliez si librement, sur Fun radio?
>
> **CS:** Pareil que pour les autres générations. Il faut qu'ils oublient la performance dans ce qu'elle a de frustrant. Il faut réussir à créer un vrai lien entre l'affectif et la sexualité. L'épanouissement sexuel passe par l'épanouissement affectif. Il faut également, un raffinement extrême dans la relation à l'autre.
>
> **Interviewer:** Vous voilà Chienne de garde...
>
> **CS:** Je déplore la façon dont on parle de la femme dans certaines chansons de rap par exemple, quand on dit la 'taspé', la pétasse. Un réel mépris de la femme. *(Appel sur son téléphone portable. Une mère lui parle de son fils, demande des conseils.)*
>
> **Interviewer:** Tous les parents de vos patients ont le numéro...
>
> **CS:** La plupart, oui. Cela me semble naturel.
>
> **Interviewer:** Vous travaillez sans cesse...
>
> **CS:** Dix à douze heures par jour. Je me ménage des respirations telles que la lecture, l'écriture. La radio en est redevenue une. C'est bien.

Task 3

Summarise the second part of the discussion **in 60–85 words of continuous English**, addressing the points below. Remember that the quality of language will be taken into account in the marking of your answer.

- what Dr Spitz says about the sort of people who make good paediatricians
- Dr Spitz's attitude towards having children
- his ideas on bringing up children
- his attitude towards teenage sexuality
- his work habits and means of recreation

Specimen summary

Dr Spitz thinks that it is better to have children of one's own, although unmarried people can also be good paediatricians.

Children should not be regarded as material possessions.

Children's personalities should not be stifled. You should let them live their own lives but at the same time you should be vigilant.

The emotions should not be divorced from sexuality and there should be sensitivity in relationships.

Dr Spitz works 10 to 12 hours a day and his recreation activities are reading, writing and radio.

You will find what the doctor says about good paediatricians in his answer to the first question. His attitude towards children can be found in his answer to the second and third questions. His ideas on bringing up children are to be found in his answer to the question 'Quel est votre principe d'éducation?' His views on teenage sexuality are expressed in his answer beginning 'Pareil que pour les autres générations...'. In his last answer he talks about his work habits and recreational activities.

En dix ans la moitié des Français a déménagé

Topics covered: contemporary issues; social issues; the environment; human interest news items

Question types: • Explain in full sentences data extracted from the text.
• Select four false statements from nine.

Selon une étude de l'Insee sur les migrations en France de 1990–99 la moitié des Français ont déménagé pendant cette période. Dans cet entretien une signataire de l'étude en donne des détails.

Interviewer: Combien de personnes ont déménagé pendant cette période?
Signataire: 27 830 000.

Interviewer: Ces personnes, sont-elles allées loin?
Signataire: Un tiers seulement d'entre elles ont quitté leur département et 20% ont quitté leur région.

Interviewer: Toutes les tranches d'âge sont-elles représentées?
Signataire: Ce sont les jeunes de 25–29 ans qui bougent sur de longues distances.

Interviewer: Comment expliquez-vous cela?
Signataire: C'est à cause de leurs études, de leur départ de la maison familiale et de la nécessité de chercher du travail loin de leur maison.

> **Interviewer:** Quelles régions attirent-elles le plus de déménageurs?
>
> **Signataire:** Certaines régions accueillent plus de migrants qu'elles ne voient partir. Comme dans les années 1982–90, les régions de l'ouest et du sud-ouest, c'est à dire les Pays de la Loire, Bretagne, Poitou-Charentes, Aquitaine, Midi-Pyrénées attirent le plus de migrants internes.
>
> **Interviewer:** Et je pensais que la Provence-Alpes-Côte d'Azur attirait le plus de migrants.
>
> **Signataire:** Non. Les régions que je viens de mentionner sont les plus attractives quant aux déménageurs.
>
> **Interviewer:** Et quelles sont, pour ainsi dire, les régions les moins attractives?
>
> **Signataire:** Eh bien, la Basse-Normandie et la Franche-Comté voient partir plus de migrants qu'elles n'en accueillent. Il faut signaler aussi que tandis que la situation dans le nord-est de la France s'est améliorée il y a moins d'arrivées dans la Haute-Normandie et dans l'Ile-de-France.
>
> **Interviewer:** Je vous remercie, Madame, de nous avoir expliqué les détails de cette étude.
>
> **Signataire:** Je vous en prie, Monsieur.

Task 1

Ecrivez une phrase en français pour expliquer chacun des expressions ou chiffres suivants.

(a) 27 830 000
(b) 20%

(c) Les régions de l'ouest et du sud-ouest
(d) La Basse-Normandie et la Franche-Comté

Answers

(a) C'est le nombre de Français qui ont déménagé entre 1990 et 1999.

(b) 20% de ceux qui ont déménagé entre 1990 et 1999 ont quitté leur région.

(c) Ce sont les régions qui ont attiré le plus de migrants internes.

(d) Ces régions ont vu partir plus de migrants qu'elles n'en ont accueillis.

Task 2

Trouvez les quatre phrases qui sont fausses.
(a) Pour la plupart les migrants optent pour l'ouest du pays.

(b) Il s'agit du siècle 1900–2000.

(c) Un peu plus de 33% ont quitté leur département.

(d) Un des départements préféré des migrants est le Poitou-Charentes.

(e) La Provence-Alpes-Côte d'Azur reste le département le plus favorisé par les migrants.

(f) La migration vers le nord-est du pays a augmenté.

(g) La Haute-Normandie accueille plus de migrants qu'elle n'en voit partir.

(h) Les jeunes de 25–29 ans ont tendance à bouger sur de grandes distances.

(i) L'Ile-de-France attire plus de migrants.

Answers

(b), **(e)**, **(g)**, **(i)**

(b) This is clearly wrong. The period of time in the text is a decade ('décennie').

(e) This is no longer the case: now several other départements attract more migrants.

(g) If you listen carefully you will see that the opposite is true.

(i) The key section is 'il y a moins d'arrivées dans la Haute-Normandie et l'Ile-de-France'.

*T*his section contains the following:
- the grade descriptions for speaking at A-level (see page 74 for the grade descriptions for reading)
- examples of the performance of A2 speaking tasks
- assessment criteria, where appropriate
- examiner's comments

Grade descriptions: speaking

Grade A
- Ability to respond readily and to speak fluently.
- Willingness and ability to take the initiative and to develop answers.
- A good command of idiom and vocabulary.
- Substantial evidence of the ability to argue a personal viewpoint and to handle the abstract language of ideas.
- Pronunciation and intonation are accurate with only slight mistakes or hesitations.
- Few grammatical errors are made, even in more complex language.

Grade C
- Few problems with comprehension; responses are made readily, with few hesitations.
- Some ability to develop answers.
- Competent use is made of relevant idiom and vocabulary, and any significant influence from the native language is avoided.
- Evidence of the ability to argue a personal viewpoint and some ability to use the abstract language of ideas.
- A fair attempt is made at pronunciation and intonation, though some native language interference is evident.
- Grammatical accuracy is adequate, showing a sound basic understanding of normal usage.
- Errors become more frequent as more complex language is attempted.
- Prompting may be necessary where there is hesitation, but this may be attributable more to the selection and presentation of material than to gaps in the knowledge of the language.

Grade E
- Production of spoken language may be hesitant and lacking in fluency.
- Knowledge of vocabulary is restricted.
- Message is clear despite a high frequency of grammatical errors.
- Although the delivery may be fluent, the performance is marred by frequent elementary errors.
- Pronunciation may be strongly influenced by the native language.
- Unwillingness to develop responses beyond the minimum.

Discussion based on a document

This test — discussion based on a document involving speaking and reading — is set by OCR. Before you read the examiner's comments it would be useful to read the assessment criteria for the test. These and the grade descriptions for reading and speaking should give you a fairly good idea of what the examiner is looking for and what you have to do in this test to achieve a good grade.

Assessment criteria

(a) Discussion of article   (20 marks)
  - response to and understanding of the article   (10)
  - comprehension and response to the examiner   (10)

(b) General conversation   (40 marks)
  - spontaneity, comprehension, responsiveness, fluency   (15)
  - pronunciation and intonation   (5)
  - quality of language   (10)
  - factual knowledge, ideas and opinions   (10)

A mon avis la plus profonde de ces influences a été l'exode rural de l'après-guerre. Ce mouvement de la population des campagnes vers les villes, encore plus important que celui du dix-neuvième siècle, a mené à la transformation de l'activité socio-professionnelle et du visage des villes françaises.

De cette urbanisation croissante, due à l'afflux de gens à la recherche d'une vie meilleure, ont découlé la création des habitations à loyer modéré (HLM) et des grands ensembles, l'expansion des banlieues, et le rétrécissement du centre-ville: autant de formes d'habitat ayant chacune son mode de vie et ses avantages ou ses problèmes de logement. Dans la plupart des cas l'éloignement de cet habitat du lieu de travail a contribué au problème des transports et des heures perdues à faire le trajet entre le travail et le domicile, et donc à une nouvelle routine quotidienne. Pour les travailleurs c'est le célèbre 'Métro-Boulot-Dodo'.

Les trajets et la journée continue dans les bureaux, les usines et les magasins entraînent une nouvelle attitude envers les repas. Finies, les deux heures passées à déjeuner. L'heure du snack, du 'fast food' est arrivée et ses effets continuent à préoccuper la restauration traditionnelle. Que manger? A quelle heure? Sortir au restaurant, au café? Voilà autant de questions qui indiquent la remise en cause du mode de vie 'traditionnel', celui que nous montrent toujours nos manuels scolaires, avec leurs stéréotypes sur la vie du 'Français moyen'.

Et pour ceux qui restent à la maison dans ces nouveaux logements urbains, quels sont les problèmes majeurs?

Ayant dit 'au revoir' au village de leur enfance, comment réussissent-ils à faire face aux besoins de la consommation, s'ils vivent loin des petits magasins traditionnels, ou dans de grandes cités où les urbanistes n'avaient pas pensé à en construire? Jusqu'à maintenant la réponse à ce problème a été l'implantation de supermarchés ou d'hyper-marchés, souvent à la périphérie des villes ou près des bretelles d'autoroute. Bien que les avantages de ceux-ci soient nombreux, ils présentent aussi certains inconvénients: longs trajets, temps passé à s'y rendre, manque d'atmosphère.

Quoi qu'il en soit, un nouveau rythme de vie s'est établi. Les visites quotidiennes aux petits magasins ont cédé la place, dans la plupart des cas, à la visite hebdomadaire à la grande surface, et l'existence même du petit commerce est menacée.

Il faut aussi mentionner l'isolement dont souffrent beaucoup de ceux pour qui le monde urbain est la nouvelle réalité, isolement dû non seulement à l'aliénation créée par les lieux de résidence sans aucune vie sociale mais, plus important encore, aux adieux faits à la famille 'élargie' qui est restée au village. La famille 'nucléaire' est devenue la norme. L'exode rural a laissé les grands-parents à la campagne.

(FRENCH REVIEW Vol. 1, No. 3, April 1996)

Questions

(These are possible questions from the examiner to which the candidate gives spoken answers.)

(a) Que veut dire le terme 'exode rural'?

(b) Décrivez les conséquences de l'exode rural en ce qui concerne le milieu urbain.

(c) Qu'est-ce que vous comprenez par 'Métro-Boulot-Dodo'?

(d) Comment cette routine de 'la journée continue' a-t-elle affecté l'attitude des Français envers les repas?

(e) La vie en banlieue présente des avantages et des inconvénients. Lesquels?

(f) Aujourd'hui en France beaucoup de citadins quittent la ville pour s'installer à la campagne. Que pensez-vous de ce phénomène?

Suggested answers

(a) C'est le mouvement des populations des campagnes vers les villes.

(b) On a dû y construire beaucoup de nouvelles habitations y compris des HL M et des grands ensembles. Cela a mené à l'expansion des banlieues et le problème des transports a augmenté.

(c) C'est une expression légèrement argotique qui décrit la routine des habitants des banlieues des grandes villes, surtout celles de Paris. 'Métro' représente le voyage quotidien, 'boulot' c'est le travail, et 'dodo' c'est le sommeil. L'expression indique que la vie de ceux qui travaillent à une grande distance de leur maison ne consiste qu'en ces trois éléments.

(d) On passe moins de temps à déjeuner. Le 'fast-food' a remplacé le déjeuner traditionnel.

(e) Il est souvent difficile de trouver de petits magasins à proximité de sa maison pour y acheter les provisions. Par contre il y a des hypermarchés mais pour y arriver il faut souvent faire de longs trajets. Pour quelques-uns le manque d'une vie sociale mène à l'isolement.

(f) Dans les grandes villes les problèmes tels que l'insécurité, la pollution, le manque d'une vie sociale se sont aggravés. Donc de plus en plus de citadins déménagent vers la campagne pour y trouver une vie plus tranquille et plus saine.

e The questions given here are directly related to the text. Only (f) challenges the candidate to depart from the text and express opinions. During the actual exam, however, the examiner is quite likely to develop some of the responses and explore the candidate's wider knowledge of France and of the ideas embedded in the questions and answers. But the assessment criteria (see above) emphasise understanding of the article and response to the examiner. Judged by these criteria the answers given above are excellent.

Some of the ways the candidate might have been prompted to develop the answers are as follows.
- From which parts of France was there an exodus and for what reasons?
- In which ways would the exodus have altered the balance between urban and rural areas?
- Could the term 'Métro-Boulot-Dodo' be applied to life in the UK? Where and with what consequences?
- From your visits to France or your reading, have you noticed any changes in French eating habits or other aspects of the French way of life? Give examples.
- Do we have similar problems in the UK? What are they?
- If you were living in an urban area, would you want to move to a rural area and for what reasons?

Conversation

This part of the OCR general conversation exam takes 10–12 minutes. It will begin with straightforward questions about your background and interests and move on to a sophisticated discussion of current issues. You will be asked to offer the examiner three topics, one or two of which will be covered in the course of the conversation.

You are expected to 'offer some factual knowledge, ideas and opinions related to a country or countries where French is spoken'. In the following conversation the examiner and candidate discuss one of the topics offered, i.e. 'The environment and conservation'.

Examiner: Vous habitez la ville ou la campagne?
Candidate: La campagne.

Examiner: Comment trouvez-vous la vie à la campagne?
Candidate: Personellement je la trouve très agréable. Mais quelques-uns de mes amis ne sont pas du tout du même avis.

Examiner: Pour quelles raisons?
Candidate: Ils disent qu'il n'y rien à faire. Moi, au contraire, je pense qu'il y a beaucoup à faire.

Examiner: Et qu'est-ce que vous trouvez d'intéressant à faire?
Candidate: D'abord il faut dire que j'adore la nature et les bêtes. J'ai deux grands chiens que je promène samedi et dimanche. J'ai un cheval que je dois soigner tous les jours.

Examiner: Vous faites souvent des promenades à cheval?
Candidate: Oui. J'en fais trois ou quatre fois par semaine.

Examiner: Vous êtes très active. Vous n'avez pas le temps de vous ennuyer. On dit que la cause principale de la délinquance juvénile est l'inactivité et l'ennui. Qu'en pensez-vous?
Candidate: C'est vrai jusqu'à un certain point. Mais le problème est très complexe. Quelques jeunes qui ne trouvent rien d'intéressant à l'école et qui manquent les cours peuvent être tentés de voler et quelques jeunes aussi font des agressions. Mais il faut chercher d'autres causes aux crimes plus sérieux.

Examiner: Parlons un peu de l'environnement. C'est l'un des sujets que vous avez choisis. Pour quelles raisons?
Candidate: Il faut que je vous dise que l'aspect de l'environnement dont je veux parler concerne la protection des espèces animales en danger. La raison de mon choix, eh bien j'adore les animaux et puis je pense que nous autres humains avons une grande responsabilité envers les créatures qui partagent notre planète.

Examiner: Pour quelles raisons pensez-vous que les autres espèces animales ont besoin de notre protection?
Candidate: Dans beaucoup des régions du monde et surtout dans les pays du tiers monde et ceux qui sont en voie de développement et pour la plupart dans des pays pauvres les animaux se trouvent en concurrence avec les humains. Ainsi les habitats des animaux diminuent et les animaux aussi. Par exemple de vastes étendues des forêts équatoriales ont été abattues pour satisfaire

la demande du bois des pays riches. C'est l'habitat d'animaux et d'oiseaux tels que l'orang-outan et le calao. On risque de les voir disparaître complètement.

Examiner: Pourtant les pays où se trouvent ces animaux ont le droit d'exploiter leurs ressources naturelles.

Candidate: Vous avez raison. Mais cette exploitation devrait être contrôlée. Sinon les ressources naturelles seront épuisées et les conséquences seront désastreuses pour les populations aussi.

Examiner: Peut-on forcer d'autres à adopter des mesures pour préserver des habitats lorsque leur prospérité en dépend?

Candidate: Bien sûr que non. Ce qu'il faut faire c'est sensibiliser les gouvernements des pays riches sur les conséquences désastreuses de leur consommation excessive. Les pays riches pourraient aussi encourager leurs habitants à aller visiter les pays du monde riches en ressources naturelles pour les encourager à préserver les habitats des animaux et des oiseaux exotiques qui sont en danger de disparaître.

Examiner: Jusqu'à maintenant on a parlé des pays du tiers monde et de ceux qui sont en voie de développement. Pourtant le même genre de problème existe dans les pays développés, n'est-ce pas?

Candidate: C'est vrai. Une proportion de plus en plus importante du territoire est habitée et utilisée pour l'agriculture. En France les parcs naturels jouent un rôle important dans la préservation et la protection de la faune et de la flore de la région. On a même réintroduit tout récemment des loups dans le Parc du Mercantour du sud-est de la France.

Examiner: Y a-t-il beaucoup de parcs naturels en France?

Candidate: Oui, il y en a une trentaine. Mais il faut distinguer entre les parcs régionaux et nationaux dont il y a très peu. Dans les parcs nationaux les activités forestières et agricoles sont strictement limitées. Les espèces rares y sont surveillées et protégées. La chasse y est souvent interdite. Dans le Parc National des Pyrénées on trouve encore des ours bruns, de nombreux rapaces (vautours, aigles), des marmottes, des hermines et des loutres.

Examiner: Croyez-vous que c'est une solution au problème? Après tout, les animaux sauvages ont peur des intrus humains et chaque année des millions de touristes visitent les parcs naturels.

Candidate: Il faudrait que les visiteurs observent le règlement des parcs qui a pour but de respecter la vie des animaux.

🅔 This is a long conversation. Note that the time prescribed is 10–12 minutes. The examiner begins by asking general questions about the candidate's life and interests. These are adequately answered here in accurate, clear and idiomatic

French. The examiner passes on to a more complex subject with an invitation to the candidate to speak about juvenile delinquency. The candidate's answer is generalised. The examiner does not take up the implications of the candidate's last sentence.

The examiner introduces the candidate's topic — the environment — by asking why she has chosen it. This is a frequently used device and should not find the candidate at a loss. Here the candidate makes very clear what aspect of the subject she wants to talk about. The reason she gives suggests that she has thought carefully about the subject, and she expresses her feelings eloquently.

The examiner then asks a question that seems purposely perverse. The candidate seizes the opportunity to go to the heart of the problem, giving a long and convincing answer.

The conversation continues in this way until the candidate brings it round to the situation in France. In the description of the French natural parks it seems, for the first time during the course of the conversation, that the candidate is reciting learned material. Where beforehand the discussion of ideas was uppermost, now it is the conveying of facts. Nevertheless, this is carried out efficiently and in an interesting way.

The candidate scores highly on all the criteria that can be judged from this transcription. Factual knowledge, ideas and opinions are in abundance. The main criticisms to be made are the rather general nature of the first part of the conversation and the artificial way in which the situation in a French-speaking country is introduced in the chosen topic part of the conversation.

Discussion of issues

The following is an extract from Edexcel's specification.

In this test candidates will be required to demonstrate a definite stance on a chosen issue and to use the language of debate and argument to discuss the issue with the examiner. They will be required to undertake research into their chosen issue, which must relate to the culture and/or society of the target-language countries or communities.

Students will outline the issue for about 1 minute, adopting a definite stance towards the issue, and will have to defend and justify their opinions for up to 4 minutes. The examiner will then initiate a spontaneous discussion in which a minimum of two further issues will be covered. These issues may be related to their chosen issue, but will not require specialised factual knowledge or have to be based on the target-language culture.

Assessment

Candidates will be assessed for:
- quality of language (20 marks)
- justification and debate (20 marks)
- response (20 marks)

'Quality of language' and 'response' are generally covered in the grade descriptions for speaking (see page 104). 'Justification and debate' is particular to this test and it is useful to know what the examiners are looking for in a candidate's performance. Here is an outline of the criteria of assessment.

High performance
- Thorough and detailed knowledge of issue and ability to analyse and relate issue to other areas.
- Evidence of original thought.
- Individual judgement.
- High level of debate.
- Opinions always fully justified.

Fair to good performance
- Good to competent knowledge of issue.
- Some hesitancy when required to relate it to other issues.
- Some capacity for independent judgement.
- Sound to competent level of debate.
- Opinions not always justified.

Fair performance
- Adequate awareness of issue.
- Difficulties in relating it to other issues.
- Limited independent judgement.
- Views often inadequately justified.

The following example is modelled on one of **Edexcel's A2 speaking tests**. As in the case of the OCR discussion based on a document (above), it provides a useful model for all candidates, whichever assessment body they are entered for.

Issue chosen: La nécessité de maintenir le français comme langue internationale

---

Outline of issue

En ce moment il y a dans le monde environ 75 millions de personnes dont la première langue est le français. 60 millions de personnes dans le monde l'utilisent comme seconde langue. Le français est une des langues les plus utilisées du monde. Il est parlé sur les cinq continents. Donc il est évident que le français est très important.

Pourtant il ne faut pas juger son importance simplement par le nombre de personnes qui le parlent soit comme première soit comme deuxième langue. La nature même du français le rend, dans beaucoup de domaines, un excellent outil de communication.

Il ne faut pas ignorer le fait que depuis la seconde guerre mondiale et comme conséquence de la décolonisation le français est moins parlé dans le monde. La France a pris des mesures pour arrêter son déclin.

Examiner: Parlons d'abord un peu du monde francophone en général. Qu'est-ce qui vous a poussé à choisir ce sujet?

Candidate: Au cours de mes études j'ai eu l'occasion de lire des extraits de la littérature de langue française de plusieurs pays autres que la France tels que le Québec et le Sénégal. Je suis donc devenue consciente de l'existence d'un monde francophone hors de la France. Cela m'a menée à poursuivre un peu mes recherches et voilà pourquoi j'ai décidé de choisir ce sujet.

Examiner: Savez-vous combien de personnes dans le monde parlent le français?

Candidate: Environ 120 millions y comprises les personnes de nationalité française.

Examiner: Vous savez, bien sûr, que l'anglais est, de loin, la langue dominante dans plusieurs domaines importants. Croyez-vous que le français risque de perdre son statut de langue internationale?

Candidate: Il est vrai que dans certaines parties du monde, surtout en Afrique, le français est remplacé par l'anglais comme deuxième langue. Pourtant la langue française a toujours une présence sur les cinq continents et, selon les statistiques, dans certains pays d'Afrique, comme le Sénégal, elle se renforce.

Examiner: Croyez-vous que le français puisse survivre au Québec, où la plupart des habitants sont bilingues et où la culture américaine est si importante?

Candidate: Je sais que le gouvernement québecois fait de son mieux pour assurer la sauvegarde de la langue française et de la culture canadienne française. Mais leur objectif est difficile à atteindre. Tout de même il faut admettre que la maîtrise de deux langues et la connaissance de deux cultures enrichissent énormément l'individu. Et au Québec tout le monde a cette possibilité.

Examiner: Par quels critères devrait-on juger de l'importance d'une langue? Le chinois de Pékin est parlé par le plus grand nombre de personnes. Est-il plus important que le français?

Candidate: Oui. Pour ceux dont il est la première langue. Mais hors de la Chine il est parlé surtout par les personnes d'origine chinoise, tandis que le français est la langue maternelle ou la deuxième langue de plusieurs pays hors de la France et de la province de Québec.

Examiner: Mais ces pays dont vous parlez sont petits et n'ont pas l'importance de la Chine.

Candidate: Les pays francophones se trouvent répartis dans le monde. Il y a, si vous voulez, une présence française sur les cinq continents. Dans ces territoires la langue d'enseignement est le français. Cela veut dire que les habitants de ces pays partagent les mêmes valeurs culturelles.

Examiner: Françaises?

Candidate: Oui. Mais aussi leurs propres valeurs culturelles.

Examiner: Alors dans ce cas le français exerce une sorte de tyrannie et dans les anciennes colonies françaises. Cela pourrait paraître comme un nouveau type de colonisation.

Candidate: En réponse je dirais deux choses. D'abord la France prend sur soi la responsabilité d'assurer l'éducation des enfants de beaucoup de pays du tiers monde et deuxièmement elle a grande confiance en cet enseignement.

Examiner: Est-il vraiment raisonnable de penser qu'il est possible d'arrêter le déclin de l'importance du français dans le monde surtout face à la dominance de l'anglais dans plusieurs domaines?

Candidate: Les pays francophones sont conscients du fait que l'anglais est devenu une sorte de lingua franca. Il est utilisé comme langue de communication dans beaucoup de domaines par des personnes de nationalité différente parlant entre eux. Cependant le français est encore appris comme première ou deuxième langue étrangère dans des écoles sur les cinq continents. Pour nous autres Européens il est très important que nous apprenions au moins une deuxième langue européenne pour pouvoir communiquer avec nos voisins les plus proches mais en même temps avoir une vraie compréhension de leur culture et de leur mode de vie.

Examiner: Que comprenez-vous par le terme 'francophonie'?

Candidate: Il y a eu plusieurs définitions de ce terme depuis que Onésime Reclus, un géographe, l'a créé vers la fin du dix-neuvième siècle pour désigner l'ensemble des populations du monde parlant français. Cette définition a été modifiée tout récemment. C'est tout pays ayant le français en partage. Jusqu'à un certain point un pays choisit de faire partie de la communauté francophone.

Examiner: De cette façon le nombre de pays qui y appartiennent est plus grand. Mais l'usage du français n'est pas nécessairement plus étendu.

Candidate: C'est vrai mais on espère que cette appartenance apporte un sens d'identité. Les organismes qui ont été formés tels que L'Association des universités partiellement ou entièrement de langue française (AUPELF) et l'Association internationale des parlementaires de langue française (AIPLF) renforceront ce sens d'identité.

Examiner: Mais l'anglais se répand dans le monde sans l'aide de tels organismes.

Candidate: Mais on se demande si l'anglais parlé dans une partie du monde sera compréhensible ailleurs dans cinquante ans. Au moins une communauté ayant le français en partage avec ces organismes et ses sommets aura un intérêt à régler les changements à l'instrument qui lie ses membres.

The candidate's summary gives a good idea of the scope of the study she has undertaken and signals the areas she wishes to explore in the discussion with the examiner.

At the very beginning of the discussion the examiner explores the candidate's general knowledge of 'francophonie'. The candidate replies confidently, giving the impression that she has a firm grasp of the factual side of the subject. This evidently persuades the examiner that it is not too premature to introduce more challenging questions intended to create a debate.

The third question is challenging and the candidate responds by extending the scope of the examiner's question — 'French is still spoken in all five continents and in Senegal its presence is strengthening'. This leads the examiner to ask about the situation in the province of Quebec. The candidate again concedes the examiner's point but introduces a further dimension — 'The mastery of two languages has an enriching effect upon the individual'.

The examiner then puts a fundamental question to the candidate about the criteria by which the importance of a language is judged, and mentions Mandarin Chinese, which is spoken by the greatest number of people in the world. The candidate ducks the full implications of this. This leads to a discussion of values and a reference to France's colonial past. The candidate justifies the propagation of the French language and culture by the benefits it brings to the countries in question.

In answer to the examiner's next question the candidate gives a long and eloquent reply, which seems to come from a careful consideration of the issue. It is a well-reasoned defence of the necessity for everyone to learn well at least one language other than their own.

The examiner now asks another fundamental question, 'What is francophonie?' Once again the candidate responds eloquently. To preserve this high level of debate the examiner then suggests that although membership of the various francophone organisations has increased, this does not necessarily mean that more people speak French, and that English is spreading without the need for lots of organisations. With her last interesting observation, the candidate manages to crown a good performance in the spirit of the test's aims — 'In this test candidates will be required to demonstrate a definite stance on a chosen issue and to use the language of debate and argument to discuss the issue with the examiner'.

On all counts this falls into the category of a high performance (see criteria on page 111).

Reporting and discussion

This is modelled on one of AQA's speaking tests.

> Candidates will have 20 minutes' supervised preparation time during which they should prepare **one** of the two cards given to them by the examiner....The material on the cards will consist of short articles in English taken from magazines or newspapers....Guidance questions will not be supplied. The candidate will be expected to respond to questions about the material and discuss issues arising from it.

Assessment

Candidates will be assessed for:
- response to spoken language (30 marks)
- response to written language (10 marks)
- knowledge of grammar (20 marks)
- knowledge of society (10 marks)

Below is an outline of the criteria used to assess this part of the paper.

High performance
- All necessary information is provided.
- Views and opinions are offered.
- All opportunities for development are explored.

Good to fair performance
- A large to average amount of information supplied.
- A number of ideas fully developed to ideas not fully developed.
- Some success in developing opinions to attempts to develop opinions.

Fair performance
- A fair amount of information is supplied.
- Ideas are rarely developed.
- Generally an inability to express meaningful opinions.

See the grade descriptions for speaking (page 104) for other assessment objectives.

The following example is modelled on the first part of AQA's A2 speaking paper, 'Reporting and discussion'. As is the case with the previous examples, this provides valuable exam practice for all students, regardless of the specification they are following.

Text on candidate's card

Town and country

In France they're having their own debate about the town and country divide. But looked at closely, the divide is not what it used to be. Two recent national surveys have thrown up some very interesting facts. In rural areas the number of people working in industry is three times greater than those engaged in agriculture and the proportion of industrial workers among the rural population (one household in three) is now higher than in urban areas.

It seems that when it comes to lifestyle there is a marked similarity between townees and countryfolk. Household consumption has evolved along similar lines. This is due to some extent to the improvement in the incomes of rural communities and also to the urbanisation of rural areas. One big difference stands out. City dwellers pay more for their housing. That's one reason why there is an urban exodus to the countryside.

De quoi s'agit-il?

Note that this is the only question that appears on every candidate's card. The examiner will ask this at the beginning of the discussion. On the examiner's copy there will be three or four more questions. These are for guidance only and may or may not be used.

Examiner's questions

Here are the examiner's questions to go with this text. They are used in the discussion that follows.

- De quoi s'agit-il?
- Qu'est-ce qui indique que la population rurale en France est plus ouvrière de nos jours?
- Qu'est-ce qui est dit concernant le mode de vie des urbains et des ruraux?
- A votre avis pourquoi les citadins dépensent-ils plus pour leur logement que les ruraux?
- En France on a connu au cours des vingt dernières années une 'renaissance rurale', c'est à dire le repeuplement des campagnes. A votre avis quels sont les avantages et les inconvénients de ce mouvement?

Examiner: De quoi s'agit-il?

Candidate: Il s'agit des changements qui ont eu lieu dans la campagne au cours des dernières années en France.

Examiner: En quoi consistent ces changements?

Candidate: Selon l'article il y a trois fois plus d'ouvriers que de personnes actives dans l'agriculture habitant dans les régions agricoles.

Examiner: Et qu'est-ce qui est dit concernant le mode de vie des ruraux?

Candidate: Pour la plupart le mode de vie de ces deux secteurs de la population active ne diffère pas beaucoup l'un de l'autre.

Examiner: Quelle en est la différence principale?

Candidate: Les citadins dépensent plus pour leur logement.

Examiner: A votre avis pourquoi est-ce le cas?

Candidate: Je ne suis pas sûr mais si la situation est pareille à celle de notre pays et si on parle des villes les plus importantes, c'est parce qu'il y a toujours un manque de logements dans les villes.

Examiner: Au cours des années récentes il y a eu en France un mouvement assez important des citadins vers la campagne. C'est à dire de plus en plus d'habitants des zones urbaines ont déménagé pour aller vivre en zone rurale. Pouvez-vous m'expliquer ce désir des citadins d'habiter à la campagne?

Candidate: Il y a d'abord le coût du logement. C'est moins cher. Puis la vie dans les villes, surtout les grandes villes, devient de plus en plus stressante et de plus en plus malsaine. Et je suppose que les parents pensent que leurs enfants auront une meilleure vie à la campagne loin des tentations des grandes villes.

This is the first part of a discussion. At the end of it the candidate makes two points which give the examiner the opportunity to ask at least two challenging questions, and the discussion will no doubt continue along these lines.

Up to the question 'A votre avis pourquoi est-ce le cas?' the examiner has asked questions that test the candidate's comprehension of the text. The candidate's answers are adequate but little initiative is shown and he seems to rely too much on the examiner. The candidate understands the examiner's questions, however, and is able to carry out the reporting part of the test satisfactorily. This involves a certain amount of transference of meaning from English to French which the candidate does reasonably well, although the answers tend to be short.

The question 'A votre avis pourquoi est-ce le cas?' is the prelude to a broader discussion. The candidate's first answer is largely a reference to what is happening in his own country. There is no evidence of any knowledge of the situation in France. The answer to the second question is still not related specifically to the French situation, but it does allow some scope for development and the issue of the rural/urban divide could be discussed in its French context.

This performance would fit into the 'good to fair' category (see page 115).

*E*ach of the main examining bodies has a paper in which you are examined on a study of the culture and society of the country concerned. They are:
- AQA: The cultural and social landscape in focus
- Edexcel: Topics and texts
- OCR: Culture and society

Assessment is made on the basis of both content and language. On the **language** side, the following skills are assessed:
- ability to communicate intelligibly
- accuracy
- variety of structures
- appropriateness of language
- lexical range
- fluency

With regard to **content**, the following qualities will be rewarded:
- knowledge and understanding of the topic/text
- grasp of the implications and range of the question
- relevance
- clarity of thought and expression
- ability to analyse and substantiate points
- independent judgement
- insight into the topic/text

In this section you will find three sample essays in answer to questions on (a) a literary text, (b) a literary topic and (c) a non-literary topic.

Each of these sample essays is followed by a detailed commentary showing how the candidate has performed with regard to the assessment criteria listed above.

A literary text

Text: *Thérèse Desqueyroux* by François Mauriac

Essay question

Jusqu'à quel point est-il possible de ressentir de la sympathie pour Bernard Desqueyroux?

Sample essay

Personellement je ressens de la sympathie pour Bernard Desqueyroux. Sa femme Thérèse a failli le tuer. Il mérite, rien que pour cela, que nous éprouvions de la sympathie pour lui. Mais il est difficile, sinon impossible, de le connaître, étant donné la structure du roman. L'auteur donne à son protagoniste, Thérèse, une place privilégiée vis-à-vis des autres personnages. Au cours des premiers deux tiers du roman Thérèse réfléchit à tout ce qui s'est passé jusqu'à l'instruction et à la déclaration du non-lieu. Ainsi nous sommes forcés d'accepter sa version des événements et son jugement des autres personnages.

Nous est-il possible d'obtenir une image complète de Bernard d'après le témoignage de Thérèse? Je pense que oui. Tout au long de sa méditation en route pour Argelouse elle pense à tous ceux qui ont joué un rôle important dans sa vie. Elle en voit les bonnes qualités, s'ils en ont, et les défauts. Elle admire son père, Monsieur Larroque, pour son intelligence mais le critique à cause de ses vues politiques. Anne de la Trave est son amie d'enfance mais cela n'empêche pas Thérèse de voir qu'elle est indifférente aux souffrances des bêtes. Tout en admirant l'enthousiasme de Jean Azévédo pour les choses spirituelles, elle trouve répugnants certains de ses défauts physiques. Il est évident donc que Thérèse voit les autres personnages avec lucidité et objectivité.

Bernard ne fait pas exception. Oui, il est cruel. Il semble aussi indifférent à la souffrance des bêtes qu'à sa sœur Anne. Il est antisémite et son traitement brutal de sa jeune femme lors de leur voyage de noces témoigne, paraît-il, d'un grand manque de sensibilité. Mais il est aussi dépeint comme un homme intelligent, fidèle et qui n'est pas dépourvu de sensibilité. A mon avis la vraie nature de Bernard se révèle quand il rentre à Argelouse après la maladie de Thérèse. Entre parenthèses il faut noter qu'à ce moment du roman on ne voit plus ce qui se passe à travers les yeux de Thérèse. Bernard est choqué par l'état pitoyable de Thérèse. Il fait tout son possible pour restaurer sa bonne santé. Il a pitié d'elle et petit à petit toutes les conditions imposées sont abandonnées. Les deux époux prennent ensemble leurs repas. Il règne pendant la convalescence de Thérèse une harmonie qui n'avait jamais existé auparavant.

Dans le dernier chapitre où les deux époux sont assis à une terrasse à Paris juste avant leur séparation nous sentons les regrets qu'ils éprouvent. Ils assument leur ancien rôle l'un en face de l'autre. Thérèse, maîtresse de la situation, se moque comme autrefois de Bernard mais elle est aussi affectueuse avec lui. On se demande si, avec un mot ou un geste, ils pourraient, même à ce moment, être réconciliés. Mais c'est le malheur de Bernard qu'il n'avait jamais accepté le besoin qu'avait Thérèse de se sentir libre et le malheur de Thérèse qu'elle avait à recourir à des mesures si désespérées pour sortir de sa cage. Thérèse se trouve au seuil d'une nouvelle vie. Bernard est destiné à mener une vie de vieux garçon. Thérèse semble triompher de Bernard et c'est lui qui mérite notre sympathie.

The introduction goes straight to the point. There is no doubt about the candidate's point of view — it is stated in the first sentence. This is helpful to the examiner, as long as the candidate sticks to it and justifies it. It is also very clear that the candidate understands the **implications and range of the question**, as set out in the assessment criteria. In the introduction the candidate also manages to describe in essence the structure of the novel.

In the third paragraph the candidate first gives a correct and balanced assessment of Bernard's character and then shows convincingly that the compassion he shows towards Thérèse after he becomes aware of the seriousness of her illness and his care for her reveal a truly sensitive side to his nature.

In the fourth paragraph the candidate brings out the poignancy of the last scene, where both Thérèse and Bernard feel regret at the separation. The essay is rounded off with some well-crafted contrasting sentences which neatly express the respective situations of Thérèse and Bernard.

On the language side, this essay fulfils all the criteria for an excellent performance.

With regard to content, it could be argued that the essay is limited in analysis and the substantiation of points. There are certainly no direct quotations. Nevertheless, the candidate displays a thorough knowledge of the novel. Reference to characters is accurate and there is a firm grasp of the structure and the sequence of events. It is pleasing to see the concision with which the candidate refers to events. Only the essential is mentioned. Thus although points are not substantiated by direct quotations, there is no absence of analysis. The candidate shows some insight into the characters of Thérèse and Bernard, especially of the latter.

A literary topic

Topic: War in literature

Essay question

Dans le(s) texte(s) que vous avez étudié(s), quel effet la guerre a-t-elle eu sur le comportement
soit (a) des combattants?
soit (b) des non-combattants?

Sample essay

Textes étudiés: *Boule de suif, Mademoiselle Fifi* et *La mère sauvage* de Guy de Maupassant

(b) Quel effet la guerre a-t-elle eu sur le comportement des non-combattants?

La France, battue par la Prusse lors de la guerre de 1870, a dû subir l'occupation d'une partie de son territoire par les forces prussiennes. Guy de Maupassant en a fait le sujet de plusieurs de ses contes dans lesquels il nous montre le comportement bon et mauvais de Français non-combattants issus de différentes classes sociales.

Dans *Boule de suif* il a rassemblé un groupe de civils qui fuient devant les envahisseurs prussiens dans une diligence. Les classes représentées sont l'aristocratie, la haute bourgeoisie, la bourgeoisie et les intellectuels. Dans ce groupe se trouve une prostituée, surnommée Boule de suif. Malgré les circonstances difficiles qui les affectent tous, les compagnons de voyage de Boule de suif, surtout les femmes, la traitent avec un dédain mal déguisé: 'Aussitôt qu'elle (Boule de suif) fut reconnue, les chuchotements coururent parmi les femmes honnêtes, et les mots de "prostituée", de "honte publique" furent chuchotés si haut qu'elle leva la tête.'

A l'hôtel où les voyageurs doivent descendre pour la nuit il y a un officier prussien qui ne laissera partir les voyageurs que si Boule de suif consent à coucher avec lui. Elle refuse. C'est une question de patriotisme. Les compagnons de voyage de Boule de suif, intimidés par les menaces de l'officier, la prient de se soumettre aux désirs du Prussien. Elle est devenue la clef de leur délivrance même, semble-t-il aux yeux des 'femmes honnêtes'. La comtesse laisse à son mari le rôle d'intermédiaire. 'Il la prit par la douceur, par le raisonnement, par les sentiments.'

Elle y consent. Le lendemain ses compagnons de voyage reprennent leur ancienne attitude envers Boule de suif: 'On semblait ne pas la voir, ne pas la connaître....'

Boule de suif devient consciente de la manière ignoble dont ses compagnons 'honorables' l'ont utilisée: 'Elle se sentait...indignée contre tous ses voisins, et humiliée d'avoir cédé, souillée par les baisers de ce Prussien entre les bras duquel on l'avait hypocritiquement jetée.'

Dans ce conte Maupassant a démontré que la guerre fait ressortir la vraie nature des personnes quelque soit leur position sociale. Quand il s'agit de sauver sa propre peau, et même de se tirer d'une difficulté, l'honneur et le patriotisme comptent peu.

Dans le conte *Mademoiselle Fifi* l'occupation prussienne est la cause indirecte d'un acte de courage patriotique. Un groupe d'officiers occupe un château. Ils y font chaque jour des déprédations. Un soir on fait venir un groupe de prostituées. On les distribue aux officiers. L'un des officiers, surnommé Mlle Fifi, à cause de son habitude de dire 'fi donc' et de sa taille fine, reçoit Rachel, une juive. Au cours du dîner Mlle Fifi se comporte avec Rachel d'une manière cruelle, presque sadique. Bien que visiblement offensée, Rachel doit tolérer ce traitement. Pourtant quand il traite les soldats français de lâches, elle tue Mlle Fifi avec un couteau. Elle s'enfuit. Les Prussiens ne la trouvent pas.

Le comportement de Mme Sauvage dans le conte *La mère sauvage* est encore plus inattendu que celui de Rachel. Au cours de l'occupation elle a dû accueillir dans sa ferme des soldats prussiens. Ils sont des paysans. Ils aident Mme Sauvage en l'absence de son fils et elle les traite comme ses fils. Un jour elle reçoit une lettre annonçant la mort de son fils, coupé en deux par un boulet prussien. Cette paysanne commence à méditer une terrible revanche dont les soldats prussiens seront les victimes. Un soir qu'ils sont confortablement installés dans la grange, elle met feu à leur paille. Les soldats sont brûlés vifs. L'auteur démontre dans ce conte que dans certaines circonstances, la guerre a le pouvoir de changer complètement le comportement d'un individu et peut-être de le rendre fou.

Dans les trois contes dont il s'agit ici et dans plusieurs de ses autres contes Maupassant observe des personnes de milieux divers qui se trouvent, qu'elles le veuillent ou non, prises dans une guerre. D'un côté nous voyons des piliers de la société se comporter ignoblement. De l'autre côté nous voyons les petites gens et ceux qui se trouvent en marge de la société se comporter avec courage et avec patriotisme.

With a topic as far-reaching as this is it is important to select carefully the material you will use in your answer. This candidate has opted for (b) and has studied three stories by Guy de Maupassant. All this has been clearly stated at the beginning of the essay. It is important to give all these details in order to facilitate the work of the examiner.

In the opening paragraph the candidate provides the historical background to the stories and, in one sentence, gives the essence of what will be dealt with in the subsequent paragraphs. Each story is dealt with separately. A critical summary of the behaviour of the non-combatants and a succinct analysis of this behaviour are given. Finally, a short conclusion draws the strands together. The last two sentences stress neatly the contrast between the behaviour of the higher and the lower echelons of society.

Most of the essay is about *Boule de suif*. To substantiate the points made, the candidate uses direct quotations from the text. Although the candidate does not use direct quotations in the discussion of the other two stories, the references to the stories are more than adequate to substantiate the candidate's point of view, and they convey accurately the points made about the behaviour of the characters.

One of the main strengths of this essay is that the candidate concentrates on one aspect, i.e. the contrast between the behaviour of the middle classes and that of the lower strata of society.

The candidate demonstrates all of the qualities for content and for language outlined in the criteria above.

A non-literary topic

Topic: Provence-Alpes-Côte d'Azur

Essay question

Décrivez un aspect de la région qui fait une contribution importante à sa vie économique.

Sample essay

En Provence-Alpes-Côte d'Azur le tourisme joue un rôle primordial sur le plan économique. La Côte d'Azur elle-même attire chaque année des millions de touristes de
l'étranger ainsi que de l'hexagone. Dans les Alpes-Maritimes il y a d'excellentes stations
d'hiver. Quelques-unes des villes de la région — Orange, Arles, Avignon, Aix-en-Provence
— contiennent des trésors architecturaux. D'autres atouts touristiques comprennent
les parcs naturels de la Camargue et du Mercantour et la Principauté de Monaco.
Voilà de quoi attirer des gens de toutes sortes ayant une grande variété d'intérêts.

Pourtant il est à noter que, pendant la saison d'été, les touristes se concentrent sur le
littoral méditerranéen entre Toulon et la frontière italienne. Beaucoup de personnes en
profitent: hôteliers, restaurateurs, plagistes, petits commerçants, travailleurs saisonniers.
Malgré les prix qui ne cessent d'augmenter ce petit coin de la région attire d'année en
année de plus en plus de touristes et donc de plus en plus de revenus.

Le nord-est de la région qui comprend les Hautes-Alpes et une grande partie des Alpes-
de-Haute-Provence et des Alpes-Maritimes n'a pas les atouts touristiques que possède
le sud-est. Cependant les stations d'hiver des Hautes-Alpes du Briançonnais, du Queyras
etc. sont nombreuses, offrant toute une gamme d'activités. Mais bien sûr elles
fonctionnent plutôt pendant l'hiver et surtout quand il y a de la neige.

L'arrière-pays de la Côte d'Azur a de quoi satisfaire les amateurs les plus enthousiastes
du tourisme vert pendant une grande partie de l'année. Il y a de très belles randonnées
à faire dans les montagnes. De cette façon on prend connaissance avec une Provence
que les estivants sur la Côte ne voient jamais.

Le tourisme de tout genre joue évidemment un rôle important dans la vie
économique de la région. Jusqu'à tout récemment le genre d'activités qu'on trouve dans
les stations balnéaires de la Côte d'Azur a prédominé. On voit de gros efforts de la part
de ceux qui sont chargés de la promotion du tourisme de la région de promouvoir
d'autres formes de tourisme telles que le tourisme vert, le tourisme culturel, le tourisme
actif et le tourisme artisanal. Ce mouvement est aidé par un réseau routier et
autoroutier dense qui permet l'accès à tous les coins de la région.

*The title of this essay gives the candidate a lot of scope. A description of an
aspect of a region could turn out to be rather uninteresting but this candidate
has enlivened the answer by suggesting some of the problems inherent in the
tourist industry of the region.*

*In the first paragraph the candidate outlines the obvious strengths of the region
as regards attracting tourists. The second paragraph stresses the overdependence
of the region on the Côte d'Azur.*

*In the third paragraph the essential disparity between the areas of Provence-
Alpes-Côte d'Azur is indicated, and in the fourth paragraph mention is made of
some other forms of tourism.*

In the concluding paragraph the candidate states that the authorities are making efforts to encourage greater diversity in the forms of tourism available.

The candidate has included most types of tourism in the region and has indicated what sort of contribution tourism makes to the economy. However, the answer is too generalised. There is little in the way of **independent judgement** and **insight into the topic**. Despite this, the other qualities for content are fairly evident and the language is of a high standard.

To achieve a higher mark for content the candidate could have taken a closer look at one of the most important aspects of tourism. For 'tourisme vert', for example, the candidate could have outlined some of the measures used to develop it and the reasons for doing so. This would involve a critique of the more traditional forms of tourism. Questions could be asked about the effects on the environment caused by millions of people concentrated in a small space during a few months of the year. The analysis would also involve a closer look at the need to encourage tourism in some of the remoter areas of the region to bring work to those areas. Although these various points are hinted at, showing that the candidate is aware of them, they are not given the focus needed to make the reader fully aware of them.